大学生思想热点面对面

本书编写组

中国教育出版传媒集团
高等教育出版社 · 北京

图书在版编目（CIP）数据

大学生思想热点面对面 /《大学生思想热点面对面》编写组编. -- 北京 : 高等教育出版社, 2024.4

ISBN 978-7-04-062042-9

Ⅰ. ①大… Ⅱ. ①大… Ⅲ. ①大学生-思想政治教育-研究-中国 Ⅳ. ①G641

中国国家版本馆CIP数据核字(2024)第052715号

大学生思想热点面对面
DAXUESHENG SIXIANG REDIAN MIANDUIMIAN

策划编辑 王 瑾 王 杨 杜计娟　责任编辑 王 瑾 高上尚
封面设计 王 洋　责任绘图 易斯翔
版式设计 张 楠　责任校对 刘娟娟
责任印制 刁 毅

出版发行 高等教育出版社　网 址 http://www.hep.edu.cn
社 址 北京市西城区德外大街4号　http://www.hep.com.cn
邮政编码 100120　网上订购 http://www.hepmall.com.cn
印 刷 北京市鑫霸印务有限公司　http://www.hepmall.com
开 本 787mm × 960mm 1/16　http://www.hepmall.cn
印 张 15
字 数 170千字　版 次 2024年4月第1版
购书热线 010-58581118　印 次 2024年7月第4次印刷
咨询电话 400-810-0598　定 价 29.00元

物 料 号 62042-00

前 言

2022 年 4 月 25 日，习近平总书记到中国人民大学考察调研时强调："思政课的本质是讲道理，要注重方式方法，把道理讲深、讲透、讲活，老师要用心教，学生要用心悟，达到沟通心灵、启智润心、激扬斗志。"我们这本书就是以"讲道理"为目的，希望通过"思想热点面对面"，帮助广大老师和同学们达到"沟通心灵、启智润心、激扬斗志"的效果。

这是一本来自于思政课一线，又服务于思政课一线的书。本书包括三个部分，共有 30 个大问题、70 多个小问题。这些问题是我们通过广泛调查，从数十所院校上千名同学和老师提出的 200 多个"原汁原味"问题中整理出来的。这些问题都是老师和同学们在教学过程中和学习生活中遇到的，体现了大家的真情实感，反映了广大师生的思考和困惑。其中，有的是关于党和国家重大理论的问题，有的是对社会现象的观察与认知，有的是师生们在学习研究中产生的各种问题和疑惑。从这些问题可以看出，新时代的青年学生胸怀天下、勇于担当，心灵敏锐、思维活跃，具有强烈的好奇心和求知欲，富于批判精神和探索精神。同时，也反映了同学们确实有许多成长中的烦恼，有一些认识上的迷茫，有追求真理的艰苦思索，以及希冀得到解惑和引导的渴望。

本书坚持以习近平新时代中国特色社会主义思想为指导，以新时代中国特色社会主义伟大实践为立论基础，对问题的回答不是重复教科书上已有的内容，而是以我们在思政课学习中掌握的理论为武器，直面当代大学生的真实思想、实际感受，联系国际国内形势，联系正在推进的社会主义现代化强国建设，针对同学们思想上的堵点、困惑点、焦虑点以及疑难点，以平等的身份，采取析事明理、实话实说的方式，展开“面对面”的对话。本书讲的道理不一定那么“高大全”，一般不作长篇大论的理论铺陈和论证，而是直扣人心、简洁明快、入情入理、启迪智慧。在阐述上，坚持理论上的彻底性，把问题点透，把道理讲清，力求提纲挈领、举一反三；同时，不仅注重给出问题的明确答案，而且注重讲清认识的方法和分析的逻辑，提供应对问题的人生建议和生活指导，以帮助同学们从中得到有益启发，掌握认识和分析问题的武器。

参加本书编写的作者来自全国各地的高校和有关研究单位，既有理论功底深厚的知名专家，又有深受同学们喜爱的教学名师，还有刚脱离学生身份的“小青椒”。大家一起共同努力，就是希望编写一本能够受到同学们欢迎、走进同学们心灵的书，能够对广大思政课教师的教学有所启发和帮助的书。编写组希望本书能够帮助大家更好地认识我们所处的时代，认识世界上正在发生的巨大变化，认识我们国家日新月异的发展，从而帮助广大青年学生明确人生的正确方向，找到应对学习和生活中各种问题的科学方法，增强抵御各种错误思想的能力，不断增强对中国特色社会主义的政治认同、思想认同、理论认同、情感认同。

目 录

1. 为什么要深刻领悟“两个确立”的决定性意义

——确立习近平同志党中央的核心、全党的核心地位，确立习近平新时代中国特色社会主义思想的指导地位，是党在新时代取得的重大政治成果，是党和国家事业不断发展的“定海神针”。这一重大政治论断得到大学生的高度认同。同学们在学习中提出，应该如何深刻领悟和全面把握“两个确立”的决定性意义，并把这些学习领悟的成效体现在学习和实践中？

党确立习近平同志党中央的核心、全党的核心地位，确立习近平新时代中国特色社会主义思想的指导地位，反映了全党全军全国各族人民共同心愿，对新时代党和国家事业发展、对推进中华民族伟大复兴历史进程具有决定性意义。

——《中共中央关于党的百年奋斗重大成就和历史经验的决议》

“两个确立”是时代、历史和人民的共同选择、郑重选择、必然选择，也反映了新时代广大青年的共同心声。对大学生来说，深刻领悟“两个确立”的决定性意义不仅是一个重大的思想政治理论问题，也是一个关系人生成长成才的重大实践问题。

大学生对于“两个确立”的一些思考

在新时代伟大征程中，习近平作为党、国家和军队的最高领导人，在风云变幻中举旗定向、掌舵领航，在大战大考中指挥若定、运筹帷幄，在惊涛骇浪中力挽狂澜、砥柱中流，赢得了全党全军全国各族人民衷心拥护，受到了国际社会高度赞誉；习近平新时代中国特色社会主义思想，植根于新时代坚持和发展中国特色社会主义的伟大实践，坚持理论指导和实践探索相统一，在指导实践、推动实践中展现出巨大真理力量和独特思想魅力，是经过实践检验、富有实践伟力的强大思想武器。新时代大学生亲身见证党的十八大以来党和国家事业发展的历史进程和伟大成就，对“两个确立”有着高度的认同，希望加深对“两个确立”的重大政治意义、理论意义和实践意义的认识。

有的同学问，为什么“两个确立”是党在新时代取得的重大政治成果？怎样结合党的十八大以来党和国家事业发展取得的历史性成就，加深对“两个确立”决定性意义的认识？

有的同学问，怎么理解“两个确立”是党和人民应对一切不确定性的最大确定性、最大底气、最大保证？在全面建设社会主义现代化国家新征程上，为什么对“两个确立”必须倍加珍惜、坚定维护、长期坚持？

有的同学提出，如何结合马克思主义经典作家关于无产阶级革命“集中和权威”的重要性，以及关于“领袖、政党、阶级和群众的关系”等重要论述，深刻领会“两个确立”的重大政治意义、理论意义、实践意义？

还有的同学问，“两个确立”是政治领域的事，主要是对领导干部和广大党员的要求，与我们有什么关系？大学生应该如何从理论和实践上认识和把握这个重大问题？

上述这些思考表明，青年大学生对“两个确立”高度关注和认同，想要学得更深、做得更好，希望把如何提高思想认识、如何贯彻落实的问题进一步搞清楚，所以回答上述问题很有意义。

大学生为什么高度关注“两个确立”

“两个确立”之所以受到大学生的高度关注，既与“两个确立”本身是一个重大议题，有着非常丰富的理论和实践内涵密不可分，也与新时代大学生的自身特点、使命任务和面对的社会思想环境有着密切关系。

“两个确立”的政治意义非常重大，是时代呼唤、历史选择、民心所向，全国人民都高度关注，青年大学生也不例外。党的十八大以来，国际国内形势发生极其深刻复杂的变化，以习近平同志为核心的党中央运筹帷幄、沉着应对，继续推进党和国家各项事业发展，下大力气解决一系列长期积累及新出现的突出矛盾和问题，推动党和国家事业取得历史性成就、发生历史性变革。实践充分证明，习近平同志是众望所归、当之无愧的党的核心、军队统帅、人民领袖，习近平新时代中国特色社会主义思想是推进民族复兴伟业的科学指南。“两个确立”的重大历史结论，是深刻总结党的百年奋斗历史经验、总结党的十八大以来伟大实践经验得出的，体现了全党共同意志，反映了人民共同心声。广大青年学生对这一切都有亲身体验，对“两个确立”由衷拥护、热忱点赞，迫切希望有更多更深入的了解。

“两个确立”的理论内涵十分丰富，许多学生在学习中感到自己的理论积累、历史知识和实践经验还相对薄弱，对一些问题的认识还不够深入，希望更深入地理解把握。“两个确立”积累了世界社会主义发展和我们党领导革命、建设、改革长期奋斗的历史经验，集中体现了马克思主义建党学说的精髓要义，是新时代我们党理论和实践探索的重大政治成果。必须从党和国家事业发展全局的高度，从共产党执政规律、社会主义建设规律、人类社会发展规律的高度，从全面建设社会主义现代化国家、全面推进中华民族伟大复兴的高度，才能理解透、认识深、把握准。许多大学生对此进行了积极思考，同时希望得到更多的解答和指导。

当今时代被称为“人人都有麦克风的时代”，各式各样、形形色色的思想言论影响着社会，也进入了校园。在我国意识形态领域和思想文化领域，主流思想舆论始终占主导地位，但在网络上社会上仍然有各种各样的思想观点，甚至一些错误思想观点也在传播；同时，美西方的一些势力利用各种渠道和途径对我国进行意识形态渗透，散布攻击党的集中统一领导、丑化社会主义制度、妖魔化中国的错误言论，对一些人产生了消极影响。澄清这些错误观点，对于帮助大学生坚持正确立场、保持清醒头脑，深刻认识和全面把握“两个确立”的决定性意义十分必要。

深刻领悟“两个确立”的决定性意义并体现在行动上

深刻领悟“两个确立”的决定性意义，要全面准确深入，也要坚定清醒自觉，真正内化于心、外化于行，做到学思用贯通、知信行统一。

要从理论、历史和实践的结合上，深刻领悟“两个确立”的决定性意义。维护无产阶级政党的集中统一领导，是国际共产主义运动的一条重要历史经验。恩格斯曾这样形容，一艘穿行在汪洋大海中的航船，要想行稳致远，关键靠拥有极高权威的优秀船长掌舵领航。列宁说过，“政党通常是由最有威信、最有影响、最有经验、被选出担任最重要职务而称为领袖的人们所组成的比较稳定的集团来主持的”。中国共产党是按照马克思主义建党原则建立起来的政党，维护党中央领导核心的权威、维护党的创新理论的指导地位，确保全党全国各族人民思想上政治上高度统一，是我国社会主义事业取得成功的重要保证，也是国家和民族强大凝聚力的重要标志。要深刻理解和把握马克思主义经典作家关于无产阶级革命政党建设的理论，深入学习习近平新时代中国特色社会主义思想，真正搞清楚要推进中国特色社会主义事业、实现中华民族伟大复兴，必须加强党的集中统一领导，必须有一个众望所归的领导核心，必须有党的创新理论的科学指引。不仅要从政治上加深认识，而且要从理论上明白其中的道理学理哲理，深刻理解不仅夺取政权、巩固政权需要维护党中央权威和集中统一领导，推进建设、改革需要维护党中央权威和集中统一领导，而且在新时代新征程面对更加复杂的国内外形势，全面建设社会主义现代化国家、全面推进中华民族伟大复兴更加需要维护党中央权威和集中统一领导。维护党中央权威和集中统一领导，才能更好地凝聚全党全国各族人民的力量，更好地发挥我国制度的显著优势；维护党中央的核心、全党的核心，才能更好地凝聚全党全国人民的意志，形成战胜任何艰难险阻、惊涛骇浪的磅礴力量；维护党的创新理论的指导地位，坚持以中国化时代化的马克思主义为指引，才能明确方向、坚定信念，形成正确的政策和科学的发展战略，为我们的事业发展不断取得成功提供强大理论支撑和思想保证。大学生要把学习党的创新理论同学习党史、新中国史、改革开放史、社会主义发展史、中华民族发展史结合起来，积极投身新时代的伟大实践，深刻感悟“两个确立”是新时代党和国家事业取得历史性成就、发生历史性变革的决定性因素，是党和人民应对一切不确定性的最大确定性、最大底气、最大保证，自觉做习近平新时代中国特色社会主义思想的坚定信仰者、积极传播者、忠实实践者。

要从政治、思想、理论、情感的结合上，深化对“两个确立”决定性意义的领会，真正做到“四个认同”。青年大学生是整个社会中最积极、最有生气的力量，必将担负起强国先锋、复兴栋梁的使命，党和人民寄予殷切期望，坚持正确的政治方向至关重要。要自觉增进对“两个确立”的政治认同，提高政治站位，增强政治素质，始终听党话、跟党走，始终同以习近平同志为核心的党中央保持高度一致；自觉增进对“两个确立”的思想认同，提高思想认识、增强思

2022 年 4 月，青年学生参加“ 奔跑吧青春 ”云上马拉松活动启动仪式

想自觉、保持思想定力，在大是大非面前始终清醒，在各种诱惑面前毫不动摇；自觉增进对“两个确立”的理论认同，加强理论学习，提高理论素养，掌握理论武器，以理论清醒筑牢信念根基；自觉增进对“两个确立”的情感认同，结合党的十八大以来的鲜活实践，深入了解国家发展、时代需要、人民呼声，不仅从理论实践上而且从亲身感受上，用心用情领悟“两个确立”，真诚坚定维护“两个确立”。

深刻领悟“两个确立”的决定性意义，坚决维护“两个确立”，关键看行动。当前，国际国内形势正在发生深刻复杂变化，我国发展进入战略机遇和风险挑战并存的时期，中华民族伟大复兴战略全局和世界百年未有之大变局深度交织，我们正在干着前人从来没有干过的极其光荣伟大的事业，也正在面临着前所未有的复杂形势和各种严峻考验，比任何时候都更加需要坚强有力的领导核心掌舵领航，都更加需要科学思想引领指导。新时代新征程上，青年大学生责任无比重大、使命无上光荣，必须深刻领悟“两个确立”的决定性意义，增强“四个意识”、坚定“四个自信”、做到“两个维护”，积极践行“请党放心，强国有我”的誓言，把自己的理想和人生同国家的前途、民族的命运紧密联系在一起，做有理想、敢担当、能吃苦、肯奋斗的新时代好青年！

2. 为什么要坚持党的全面领导

——坚持党的全面领导是坚持和发展中国特色社会主义的必由之路。怎样深入理解这一重要论断？坚持党的全面领导和人民当家作主是什么关系？坚持党的全面领导是不是什么事情都由各级党组织来管？怎样实现党的全面领导？

必须坚持党的全面领导是全国各族人民的共识，广大大学生对此也高度认同。调查显示，99.4% 的大学生认为“中国共产党具有无比坚强的领导力，是中国人民最可靠的主心骨”。坚持党的全面领导是重大政治问题，也是重大理论问题，从政治上和理论上深刻领会这一问题对大学生而言十分重要。

认识坚持党的全面领导重要性的一些问题

近年来，随着学校思想政治工作的有效开展，青年大学生的政治意识不断加强，爱党、爱国、爱社会主义的思想基础愈发巩固，对我国政党制度、对加强党的全面领导重要性的认识也更加全面深入。但在学习思考中，同学们也提出了一些希望进一步了解的问题。

有同学问，为什么说中国共产党是我国最高政治领导力量？坚持党对一切工作的领导的含义是什么？党的领导地位是如何形成的，其形成依据是什么？

有同学问，党的全面领导是不是意味着党组织包揽一切？如果不是包揽一切，那么党的领导是不是只需体现在总体决策层面就可以了，为什么要贯穿到治国理政的方方面面？

有同学说，世界上很多国家施行“多党制”，我们国家施行的是“一党制”吗？我国政党制度的优势体现在哪里？

还有同学说，为什么党的领导是人民当家作主的可靠保障？怎样认识和处理党的领导、人民当家作主和依法治国的关系？

上述这些思考，表明了同学们对坚持党的全面领导高度重视，希望更深入更准确地把握这个重大问题。坚持党的全面领导，关系中国特色社会主义制度优势的充分发挥，关系全面实现中华民族伟大复兴的历史伟业，关系国家和包括青年大学生在内的全国各族人民的前途命运，必须深入思考、充分认识、准确把握。

坚持党的全面领导的认识问题何以产生

要有针对性地回答好同学们关于坚持党的全面领导的这些认识问题，必须首先弄清楚这些问题产生的原因。

一些青年学生之所以会就深入理解坚持党的全面领导提出有关问题，是因为这一问题事关重大，同学们迫切希望更深入和准确地了解。中国共产党领导，是中国特色社会主义最本质的特征，是中国特色社会主义制度的最大优势，是中华民族整体利益的最可靠保障。坚持党的全面领导，关乎国家和民族前途命运，关乎全体中国人民的幸福安康，也关乎每个学生的成长成才。这种认识来自同学们在日常生活中的亲身感受。在我国的经济、政治、文化、社会、生态文明各个领域发展中，在国防军队、大国外交、国家安全等各个方面建设中，党的全面领导都发挥着至关重要的作用；在国家各个机构、各级政权以及各类社会组织和经济组织中，党组织的领导核心作用都至为关键；在完成国家重大建设任务，如在决胜全面建成小康社会、打赢脱贫攻坚战、实施重大工程中，党中央的坚强领导和各级党组织的关键作用都是制胜法宝；每当风雨来袭时，无论是世纪疫情、西方国家极限施压，还是重大灾情等严峻考验，党都是国家、民族和人民最可靠最坚强的主心骨。青年大学生正是从这一桩桩、一件件事情中感受到党的伟大、感受到党的领导极其重要，更加迫切希望从理论上思想上深刻理解坚持党的全面领导的重大意义，搞清楚坚持党的全面领导的丰富内涵、特征优势、实践要求等。

社会思想舆论纷繁复杂，是产生这方面认识问题不可忽视的原因。在全面对外开放和互联网迅速发展的时代背景下，社会上各种观点和思潮交织激荡，积极正面的思想舆论始终占主导地位，同时也出现了各种各样的声音。青年大学生作为“互联网原住民”，视野开阔、思想活跃，不可避免地会接触到多种多样的思想观点，特别是美西方一些势力利用各种渠道，散布攻击党的全面领导、抹黑我国社会主义制度、歪曲我国政党制度和社会主义民主的实现方式等错误言论，蓄意鼓噪所谓“民主和威权”“自由和专制”的二元对立，企图搞乱青年大学生的思想。面对复杂的意识形态斗争，青年大学生思想意识上稍有松懈就容易给错误思潮以可乘之机。

现实中一些落实党的全面领导不力的现象，也与同学们产生认识问题密切相关。坚持党的全面领导是一个理论问题，更是一个实践问题。青年大学生关心党和国家事业的发展，由此特别关心坚持党的全面领导的落实情况。在现实生活中，有的人虽然天天说“坚持党的全面领导”，但实际上并不重视加强党的领导和党的建设，导致一些地方和部门党组织涣散，党的领导弱化、虚化、淡化、边缘化，党委的领导核心作用没有得到有效发挥；有的人把坚持党的全面领导理解为党组织对一切工作“大包大揽”，什么事情都唱“独角戏”，导致许多干部群众不满意；有的人口头上说加强党的全面领导，实际上是为了个人私利揽权，把党和人民赋予的神圣权力变成为自己和身边人牟利的工具等。这些现象受到党中央的高度重视，成为近年来推进党风廉政建设和反腐败斗争整治的重点。青年大学生对这些情况高度关注，对党中央采取的措施高度拥护，同时也进行了深入思考。

深刻理解坚持党的全面领导的重大意义

坚持党的全面领导，是马克思主义政党建设的重大原则，是党和人民在长期奋斗中形成的重要经验，是实现中华民族伟大复兴的根本保证。青年大学生要深刻理解坚持党的全面领导的重大意义，在思想上政治上行动上坚决拥护党的领导。

深刻认识中国最大的国情就是中国共产党的领导。中国共产党的领导地位是在历史奋斗中形成的。历史证明，中国人民和中华民族之所以能够扭转近代以后的历史命运，取得今天的伟大成就，最根本的是有中国共产党的坚强领导，正是中国共产党领导中国人民一步步从“追赶时代”“赶上时代”跨越到“引领时代”。中国共产党领导是人民当家作主的可靠保障。正是有了党的领导，才在我国推翻了帝

2023 年，中国第一历史档案馆主题展览中“制度的力量”展板

国主义、封建主义、官僚资本主义的统治，建立起人民当家作主的新制度，实现了民族独立和人民解放；才在我国建立起社会公正、人人平等的社会制度，使劳动人民成为国家政治生活的主体；才建立起真正属于人民的政府，使广大普通劳动者享有越来越广泛、越来越丰富的政治权利和社会福利。中国共产党的领导关系中国特色社会主义的性质、方向和命运。我们党作为世界上最大的无产阶级政党，坚持把马克思主义基本原理同中国具体实际相结合、同中华优秀传统文化相结合，确保了中国特色社会主义事业始终充满生机活力。党的性质宗旨、理想信念、初心使命赋予了中国特色社会主义事业信仰的力量、真理的力量、团结奋斗的力量，为实现中华民族伟大复兴凝聚起攻坚克难、团结奋斗的磅礴伟力。当代大学生要深化对坚持党的全面领导必然性、真理性的认识与把握，不断增强对中国共产党的信任和信心，积极拥护党的全面领导，在党旗指引下勇担强国建设、民族复兴的历史使命。

深刻领会中国共产党领导是中国特色社会主义制度的最大优势。党的领导制度是我国的根本领导制度。坚持党的全面领导，是由我国国家性质决定的。我国是工人阶级领导的、以工农联盟为基础的人民民主专政的社会主义国家，国家的一切权力属于人民。人民代表大会制度是我国的根本政治制度。我国的国体和政体决定了我国最广大人民的根本利益是整体的、不可分割的。我国实行的政党制度，不是西方一些人攻击的“一党制”和所谓“威权政治”，而是“中国共产党领导的多党合作和政治协商制度”。在这个制度下，共产党领导、多党派合作，共产党执政、多党派参政，各民主党派不是在野党和反对党，而是同共产党亲密合作的友党和参政党；共产党和各民主党派、各团体、各民族、各阶层、各界人士在国家重大问题上进行民主协商、科学决策。这种新型政党制度既保证了各方面、各层级的民意能够充分表达，又保证这些意见能够形成共同意志并迅速贯彻落实，避免了西方国家那样争权夺利、相互倾轧、推诿扯皮、议而不决从而置国家整体利益和大多数人民意愿于不顾的局面。我们坚持党的领导、人民当家作主、依法治国的有机统一，坚持和发展全过程人民民主，就是为了更好地发挥我国国体、政体和政党制度的强大优势。中国共产党是我国最广大人民根本利益最忠实的代表，坚持党的领导才能真正实现人民当家作主，才能更好地落实中国共产党领导的多党合作和政治协商制度，才能维护好最广大人民的根本利益。党的全面领导并不是说党组织要包揽包办一切，事无巨细什么都去管，而是要在各种组织中发挥领导核心作用，既善于总揽全局，又善于协调各方，更好地把各方的力量统筹组织起来，把方方面面的工作积极性调动起来，使党的领导作用贯穿于工作全过程。

相比之下，美西方国家搞三权分立、多党制，实行所谓“一人一票”的竞争性选举，表面上看，其政治人物是“选举”上来的，那些竞选口号部分反映了民众的意见，还有不同的政治势力的竞争和“监督”，但实际上，真正起作用的是掌控国家经济和政治大权的少数精英。这种制度运行的基本前提，就是把人民分割为不同的利益群体，在少数精英主导下展开“竞争”，而人民的真正利益、根本利益却被消散在这种“竞争”中，背后起决定作用的是权势精英，是“钱主”。这种制度下，利益交换是政治底色，“人民的利益”只是说辞，上演的是现实版的“纸牌屋”。究其根本，西方政治制度不是为人民服务，而是为资本服务，这与代表全体中国人民利益的中国共产党是

北京长安街沿线“人民至上”主题花坛

根本不同的。当代大学生要提高理论辨析水平，不受西方错误政治思潮蛊惑，深刻认识西方民主制度的虚伪性，深刻认识中国特色社会主义政治制度的优越性，深刻认识坚持党的全面领导对于维护中国最广大人民的根本利益、确保国家稳定发展和长治久安的重要性，以理论上的清醒保持政治上的坚定。

坚持党的全面领导，不仅要从理论上搞清楚，而且要在实践中去感悟。在实践中感悟才是最真实的。新时代的伟大实践充分证明，坚持和加强党的全面领导，对国家发展、人民福祉特别重要。我们可以看到，每到面对国家重大任务，面对来自经济、政治、社会、自然等方面的风险挑战考验时，党的全面领导的优势就得到更加充分彰显。在脱贫攻坚战中，党中央集中统一领导，五级书记抓扶贫、全党动员促攻坚，确保了最终夺取脱贫攻坚战的全面胜利，使中国摆脱了延续数千年的绝对贫困；面对突如其来的新冠疫情，党中央统揽全局、果断决策，迅速打响疫情防控的人民战争、总体战、阻击战，夺取了疫情防控重大胜利，保证了社会稳定和经济的持续发展；面对美西方挑起的贸易摩擦、极限施压，在党中央坚强领导下，我们保持战略定力，发扬斗争精神，坚决维护国家尊严和核心利益，打破技术封锁、贸易限制，牢牢掌握了我国发展和安全主动权。在新时代新征程上，实现中华民族伟大复兴胜利在望，但前进道路上仍然有许多光荣而艰巨的任务，仍然会面临许多可以预料和难以预料的风险挑战，只有始终坚持和加强党的全面领导，中国特色社会主义事业才能劈波斩浪、一往无前。广大青年学生要积极参加中国特色社会主义生动实践，在实践中深化对坚持党的全面领导的认识，从思想上和行动上不断增强坚持党的全面领导的自觉性和坚定性。

3. 马克思主义“高大上”吗

——近年来，大学生学习马克思主义的热情不断高涨。在学习和思考中，有同学提出了问题，有些模糊认识。比如，有的说马克思主义太“高大上”，离自己的生活有点远，学了不实用。还有的说，如何理解马克思主义“博大精深”，应该如何看待马克思主义呢？

近年来，随着资本主义经济危机频发，世界上战争动乱不止，一些国家出现了“马克思热”，“千年思想家”“古今最伟大的哲学家”等评选活动中，马克思高居榜首。我国青年对马克思主义的关注度和认同度也不断提高，一大批关于马克思的畅销书在青年群体中大受欢迎，有同学还在网络上制作了与马克思相关的各种表情包。但同时，也有一些似是而非的观点对青年产生了不小的影响。澄清这些模糊认识，让马克思主义走近当代大学生，需要科学深入地加以辨析。

2018 年，马克思雕像在其故乡德国特里尔揭幕

关于马克思主义的一些模糊认识

有同学说，马克思主义非常“高大上”，论述的都是“人类的

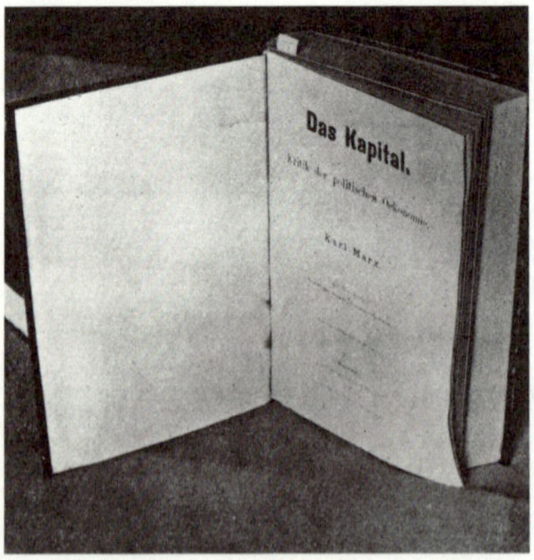

德文版《资本论》

前途”“社会的发展”“国家的命运”等宏大主题，与我关心的学习困难、生活麻烦有什么关系呢？既不能帮我提高绩点，也不见得能帮我找到好工作。马克思主义的著作那么多，仅《资本论》就有好多卷，读起来吃力又费解，我们学业压力已经很大了，为什么还要花时间来学习马克思主义呢？

也有同学问，世界上的其他国家尤其是西方国家的人们对马克思主义还感兴趣吗？马克思主义在世界范围内还有影响力吗？

有同学看到了当代资本主义发展给人类带来的灾难，问道：2008年国际金融危机，雷曼兄弟公司破产，全球股市下滑，后续冲击持续震荡，其影响一直延续到今天，马克思关于资本主义的理论分析产生于100多年前，今天还能解释这些问题吗？

通过上述种种问题可以看出，不少同学对马克思主义的理解还不够深入，学了一些马克思主义的词句，但并没有深刻领悟其思想方法；希望从马克思主义中得到一些问题的解答，又感到自己掌握不了这个理论武器。马克思主义对我们正确认识世界、分析问题极其重要，如何认识和掌握马克思主义的问题不是小问题，有必要认真地加以科学分析。

对马克思主义的模糊认识何以产生

有些同学对马克思主义产生模糊认识，有着较为复杂的背景。社会阅历浅、错误思潮的误导、复杂多变的外部形势、我国发展过程中出现的问题等，都有可能使一些同学走入认识误区。因此，对这个问题要进行全面客观分析。

事实上，自从马克思主义诞生以来，敌视共产主义的势力就从来没有放弃过对马克思主义的攻击和诋毁。尤其是 20 世纪 80 年代末 90 年代初苏东剧变之后，西方资产阶级政客和文人掀起了新一轮反马克思主义浪潮，他们打着“客观”和“学术”的旗号，披着“反思”的外衣，炮制出“历史终结论”“工人阶级消失论”“马克思主义有害论”等论调，对青年学生具有很强的蛊惑性。比如，他们恶意歪曲暴力革命学说，曲解历史唯物主义，指责马克思主义不关注人，忽视人的精神和道德世界。他们声称，人天生就是自私的，只有资本主义丛林法则式的竞争性社会，才是人类历史发展的唯一道路；只有西方自由市场经济，才是真正的市场经济；只有西方以竞争性选举为基础的政治制度，才是民主政治，等等。这些论调在一定程度上影响了部分青年学生对马克思主义的认知和认同。

脱离中国特色社会主义具体实际，教条主义地对待马克思主义，拘泥于书本或经典作家个别论断，是一些模糊认识产生的重要原因。马克思主义从来就不是故步自封的学说，而是随着实践发展不断丰富和完善的科学体系。马克思说：“正确的理论必须结合具体情况并根据现存条件加以阐明和发挥。”恩格斯也说：“我们的理论是发展着的理论，而不是必须背得烂熟并机械地加以重复的教条。”马克思主义是革命的、批判的、发展的，是随着时代和实践的进步而不断丰富的。我们学习和认识马克思主义，必须立足于当代、立足于中国，始终站在“我们生活的中国”这个基础上看待马克思主义、运用马克思主义。今天，我国仍然处于社会主义初级阶段，社会各领域依旧存在许多亟待解决的问题，诸如发展的不平衡和不充分等，现实中的社会主义与理论中的社会主义看起来仍然存在不小的距离，这个距离只能通过我们一步一步的奋斗缩小，而不能一步登天。如果不能正确看待这些问题，反而为西方发达国家某些表象所迷惑，就容易对马克思主义产生“裂缝感”，导致思想上的困惑。

受实用主义、功利主义思潮影响，用急功近利的实用眼光看马克思主义，是一些模糊认识产生的不容忽视的原因。当代大学生并不排斥马克思主义，也愿意学习马克思主义，但一些错误思想的影响对这种学习起着消极的作用。在一些同学眼中，能否马上带来实用价值，能否获得“成功的诀窍”，是判断一门课程价值的重要标准。这就导致一部分大学生眼界狭隘，只图近利不看长远，认为学习马克思主义不能立即带来“实惠”，因此学习动力不足。马克思主义作为科学真理，是要下功夫才能学到手的，不愿意下功夫又不能不学，就只好说“马克思主义‘高大上’”，这不过是一句托词。

学好用好马克思主义是当代青年的必修课

对当代青年来说，学习掌握马克思主义特别是学习掌握习近平新时代中国特色社会主义思想，是坚定正确的政治方向，做到明辨是非、增强定力，不断提高自身素质和能力，进而走好人生之路的必然要求。

马克思主义没有过时，我们依然处在马克思主义所指明的历史时代。马克思经典作家的思想生命远超他们的时代。早在 140 多年前马克思逝世的时候，某些学者就声称，马克思主义和马克思一起在海格特公墓被永远埋葬了，但现实一次次宣告这些论调是无稽之谈。尽管今天资本主义发生了巨大的变化，但它的生产关系本质并没有改变，广大劳动者要求改变这个生产关系的意志也没有变。近年来，资本主义基本矛盾日益深化和凸显，经济危机、政治极化、贫富悬殊、生态灾难、精神颓废、毒品泛滥、枪支暴力等，成为资本主义世界无法克服的痼疾。2008 年国际金融危机爆发，《资本论》在德国的销量飙升到了前一年的 3 倍，一度脱销 6 个星期，这说明人们仍然没有忘记求教于马克思，希望从他的智慧中找到解决危机的答案。有西方学者说：“关于马克思，有一个老生常谈的故事：你从前门把他推出去，他又会从后窗爬进来。”

马克思主义是一个开放的真理体系，要用发展的眼光来看待。苏联社会主义模式的失败并不等于马克思主义的失败，不能将现实的挫折归结为理论的失败。马克思主义的基本原理只有具体化为适用于各民族的具体真理，才能起到指导实践的作用，而苏联共产党之所以会失败，长期的教条主义、形式主义、官僚主义，恰恰是其根本原因。可见，只有不断发展马克思主义，才能延续马克思主义在理论和实践中的生命力。中国共产党始终坚持把马克思主义基本原理同中国具体实际相结合、同中华优秀传统文化相结合，在理论上作出了一系列原创性贡献，带领中国人民迎来了从站起来、富起来到强起来的伟大飞跃，使马克思、恩格斯设想的人类社会美好前景不断在中国大地上生动展现出来，使科学社会主义在 21 世纪的中国焕发出新的蓬勃生机。

今天，中国特色社会主义高高举起了马克思主义的旗帜。

马克思主义并非远在天边，它致力于改变人类社会，是指引人们开创美好生活的行动指南。有人说马克思主义很“高大上”，某种意义上也不无道理。马克思主义是实现人类解放的学说，其目标之崇高、体系之完备、内容之全面、思想之深刻，其他理论不可企及。但是，“高大上”并不意味着马克思主义是一般人“够不着”的理论，是那种脱离人民、高高在上的理论。相反，马克思主义就是为工人阶级和劳动大众说话的理论。1866 年 9 月 3 日，第一国际召开第一次代表大会，根据马克思的倡议正式提出了“8 小时工作制”的口号；1889 年 7 月 14 日，第二国际正式宣布每年 5 月 1 日为国际劳动节。此外，公民选举权、劳工权益保障、妇女解放等都与国际共产主义运动的推动密切相关。马克思主义在人类社会的沧海桑田留下了不可磨灭的烙印。对中国来说，更是如此。中国共产党正是坚持把马克思主义基本原理同中国具体实际相结合、同中华优秀传统文化相结合，才孕育出新民主主义革命理论、社会主义革命和建设理论、社会主义改革开放和中国式现代化理论等理论创新成果。没有马克思主义，我们的生活远不会是现在这个样子，马克思主义是我们国家发展以及人民安身立命之本。虽然马克思主义“博大精深”，但讲的都是为人民谋解放、谋幸福的朴实道理，正是靠着马克思主义的指引，中国人解决了自己的问题，改变了自己的生活。在未来，要解决发展中的难题，要使社会主义发挥出更大的优越性，创造更加美好的生活，同样离不开马克思主义的思想指引。

马克思主义是科学的世界观和方法论，并不是包治百病的“灵丹妙药”。学习马克思主义也许不会让我们立即得到某种“实惠”，但马克思主义关乎做人做事的道理、关乎正确的思维方法、关乎辨别真善美与假恶丑的价值标准等，这都是我们在人生道路上必须面对的，是我们安身立命需要把握的问题。毛泽东曾形象地称马克思主义为“望远镜”和“显微镜”，望远镜的作用是看得远、高瞻远瞩，显微镜的作用是观察入微、条分缕析。钱学森就不止一次谈到，自己的系统科学思想深受唯物辩证法的启发。当代大学生要通过学习马克思主义掌握观察世界、分析问题、解决问题的思想武器。正如毛泽东所说，“有了学问，好比站在山上，可以看到很远很多东西”。

大学生群体是国家和民族的希望。同学们除了关注“小我”，更要关注“大我”，要深入学习和掌握马克思主义，更好地肩负起国家发展和民族复兴的历史使命。和掌握任何一门科学一样，学好用好马克思主义是一定要下功夫的，不能浅尝辄止。要真正用心下一番苦功夫，还要同我们的学习工作生活实际结合起来，在全面建设社会主义现代化国家的广阔实践中做一个知行合一的马克思主义者。

4. 为什么要坚定共产主义远大理想

——有同学认为，共产主义理想当然好，但要实现也不容易，即使最终能实现，也是千百年后的事情了，与我有什么关系呢？我们为什么要追求这样的理想呢？怎样实现共产主义理想呢？

同学们从小受到“做共产主义接班人”的教育，在学习中也时常遇到共产主义的话题，大家对此是非常认同的。但也有部分同学不能正确理解，存在一些困惑。坚定共产主义理想、把握正确的人生航向，对大学生很重要，有必要深入搞清楚。

2019 年 10 月 12 日，少先队员唱响队歌庆祝建队 70 周年

“共产主义”是恒久的话题

共产主义理想始终吸引着一代代年轻人，新时代青年大学生也不例外，大家对未来的这个美好社会充满憧憬，由此也进行了一些思考。

有同学说，共产主义被描绘得那么美好，能够实现吗？到底什么时候实现，如何实现？

有同学问，人性本质上是自私的，共产主义要求实行公有制、按需分配，倡导大公无私、公而忘私，这做得到吗？共产主义怎么去实现自己的目标呢？

有同学提出，社会主义初级阶段都起码要100年，社会主义还只是共产主义的初级阶段，以后还有其他阶段，共产主义那么遥远能实现吗？为什么要追求远在天边的事？

有同学说，苏联解体、东欧剧变，世界社会主义运动一度陷入低潮，共产主义实践是不是失败了？共产主义理论是错误的吗？

有同学问，现在有些资本主义国家，特别是欧洲一些发达资本主义国家搞福利社会，人民的生活水平也不错，不追求共产主义理想是不是也可以？

有的人甚至在自媒体平台上调侃道：从小就被教育，要做共产主义接班人，我等了这么久，怎么还没接上班呢？此言引起一些附和、围观。

上述问题看似很寻常、很随意，实际上都是涉及大是大非的严肃问题。共产主义理想，是我们立党立国的远大目标，也是全党全国各族人民团结奋斗的精神动力。关于“什么是共产主义”“要不要坚定共产主义理想”“要不要做共产主义事业接班人”等，这些重大问题必须搞清楚。

对共产主义的错误认识为什么会产生

事实上，马克思主义经典作家对共产主义作过极为深刻的科学阐释，构建了包括马克思主义哲学、马克思主义政治经济学、科学社会主义在内的完整的科学体系。这些理论同学们都接触过，或者系统学习过，在课本上、理论读物中也看得到。那么，为何仍然有一些同学会产生认识上的问题，甚至有些误解和偏见呢？

敌视共产主义的势力长期歪曲、诋毁、污蔑，特别是苏东剧变后世界社会主义运动一度处于低潮，这是导致一些人对社会主义、共产主义理想信念出现困惑和动摇的历史原因。共产主义是反映无产阶级和劳动人民利益的理论，与旧世界是完全对立的，因此它一经出现就受到了各种反动势力的打压。马克思、恩格斯在《共产党宣言》中指出，共产主义幽灵一出现，就受到了旧欧洲一切反动势力的联合围剿。苏东剧变后，西方一些势力炮制和散布了“历史终结论”“共产主义失败论”“共产主义违背人性论”“共产主义渺茫论”“共产主义过时论”等大量谬论，一时间在世界上包括在我国造成了对共产主义理想怀疑、动摇的思想情绪。随着中国特色社会主义取得巨大成功，展现了社会主义的光明前景，特别是近年来学校思想政治教育的大力加强，使广大青年对社会主义、共产主义更加认同，这种情况下，一些西方敌对势力感到自己的那一套吸引力在下降，于是更加处心积虑地宣传和散布攻击社会主义和共产主义的言论。西方的思想渗透和

《共产党宣言》第一个中文全译本

社会上一些人散布的错误思想，是一些青年学生产生思想困惑不可忽视的原因。

我国仍处于社会主义初级阶段，社会上仍然存在一些消极落后因素，这是一些错误认识得以产生的社会环境。坚持和发展中国特色社会主义，我们始终坚持科学社会主义基本原则，不断彰显社会主义制度优越性；始终坚持共产主义理想信念，矢志不渝追求共产主义价值。但也不可否认，我国生产力发展的整体水平同西方发达国家还有较大差距，社会上仍然存在不符合社会主义、共产主义理想和价值的落后现象，发展不平衡、不充分的问题依然突出，城乡之间、工农之间、脑力劳动和体力劳动之间还存在较大差别，部分群众生活仍然困难，腐败现象和社会不公引起许多群众的不满，等等。这些社会问题和社会现象是客观存在的，不能正确认识和辨析就会影响同学们的价值判断。有些同学只看社会上的缺陷、不足和阴暗面，忽视社会取得巨大进步、快速发展和充满光明的一面，没有用客观、全面、历史的眼光看待我们的国家发展、社会进步和亿万人民生活水平的不断提高，这就不可避免地对同学们的理想信念产生影响。

对马克思主义的一些重大理论问题缺乏正确认识，这是一些错误认识产生的思想根源和主观原因。对社会主义、共产主义的坚定信念是建立在对马克思主义科学理论的理解和把握基础上的，只有在理论上保持清醒，才能在理想信念上保持坚定。我们党的老一辈革命先驱一经选择了马克思主义、选择了科学社会主义，就坚定不移、终生不悔，无论遭受何种磨难，都不会改变自己的信仰，就是因为他们的选择是建立在马克思主义理论基础上，是理性的选择、历史的选择，是对真理的追求！方志敏面对敌人的严刑逼供，断然表示：“敌人只能砍下我们的头颅，决不能动摇我们的信仰！因为我们信仰的主义，乃是宇宙的真理！”邓小平强调：“为什么我们过去能在非常困难的情况下奋斗出来，战胜千难万险使革命胜利呢？就是因为我们有理想，有马克思主义信念，有共产主义信念。我们干的是社会主义事业，最终目的是实现共产主义。”有些青年大学生对马克思主义基本原理、中国化时代化的马克思主义缺乏真正深入的学习和认识，很容易受到西方各种思想的迷惑，实际上是对自己并没有真正了解的东西产生怀疑。

为什么要坚定共产主义理想信念

历史是最好的教科书，事实是最雄辩的语言。一种理论好不好、有没有用，关键看它能不能、有没有解决为人民谋幸福、为民族谋复兴、为世界谋大同的现实问题。

坚定社会主义、共产主义理想信念，关系到人类社会的前途命运。人类自古就有对美好社会理想的追求，科学社会主义就是在对资本主义罪恶的批判基础上创立的，是争取人类解放的理论，指出了人类社会前进的正确方向。170 多年来，科学社会主义是人类进步的明灯，深刻改变了人类命运。社会主义国家的建立，第一次否定了那种弱肉强食、尔虞我诈、剥削压迫、两极分化的资本主义制度，确立起社会公正、人人平等、共同富裕的社会主义制度，给人类带来了希望。20 世纪 80 年代末 90 年代初的苏联解体、东欧剧变，是社会主义发展遭受的一次严重挫折，但并没有改变人类历史发展的总趋势。特别是近年来资本主义国家金融危机频发，社会不公根深蒂固，社会撕裂日趋严重。事实表明，资本主义社会的基本矛盾没有变，始终无法克服其走向衰败的命运。相反，中国特色社会主义的生动实践和奇迹般的成功，彰显了科学社会主义的真理性，社会主义代替资本主义，是人类必将经历的虽然漫长但却不可避免的历史过程。

社会主义、共产主义理想信念，关系到我们要建设什么样的国家、为了谁的国家、谁当家作主这样的根本问题。我国是人民当家作主的社会主义国家，这样的国家发展定位就是要坚持社会主义、共产主义理想信念。一个国家坚持什么样的主义，坚持什么样的理论指导，决定了这个国家的政权性质，决定着国家大政方针的价值取向。信奉个人主义和资本至上的国家，必然是为少数富人服务、为资本服务的。信奉社会主义、共产主义和坚持以人民为中心的国家，必然坚持人民当家作主，必然以群众满意不满意、高兴不高兴、答应不答应作为国家制定大政方针的出发点和归宿。在抗击新冠疫情过程中，我国坚持人民至上、生命至上，不放弃任何一个病患，而西方资本主义国家把人分为三六九等，富人有很好的保障，穷人自生自灭；在脱贫攻坚过程中，我国坚持小康路上一个人、一个家庭、一个民族都不能少，而西方资本主义国家虽然也有救济穷人的做法，但从来不会提出全体人民“一个都不能少”的脱贫政策。这些都是社会主义、共产主义价值理念在治国理政中的生动体现。

社会主义、共产主义理想信念，关系到我们每个人的人生命运。共产主义是一种理想、一种运动，更是一种实践，它离我们并不远，始终在我们身边，我们建设社会主义所做的一切工作都是为共产主义这个最终目标添砖加瓦。共产主义不是一个早上实现的，而是一代代人接续奋斗积累的成果。有人说，共产主义离得很远，“等了这么久，还没接上班”，这是对共产主义事业的一种误解。我们说“做共产主义接班人”，就是指一代代坚信社会主义、共产主义的先进分子和全国人民一起团结奋斗，做好一件一件工作，完成一项一项任务，实现一个阶段一个阶段目标，这些都指向我们最终的远大目标。同学们要掌握辩证唯物主义和历史唯物主义的世界观和方法论，深刻认识实现共产主义的长期性、曲折性和必然性，把共产主义远大理想同中国特色社会主义共同理想统一起来，把我们正在做的事情同我们的最高目标统一起来。

怎样坚定共产主义理想信念

一个行动胜过一打纲领。马克思、恩格斯等无产阶级革命家之所以伟大，不仅在于他们创立和发展了马克思主义理论体系，而且在于他们领导和推动了国际共产主义运动，实实在在地推动了人类社会进步，改变了亿万人民的命运。因此，同学们坚定社会主义、共产主义理想信念，都必须做务实的“行动派”。

要深入认识和了解关于社会主义、共产主义的科学理论。马克思、恩格斯通过深入研究资本主义、深入研究人类历史发展规律，实现了从唯心主义到唯物主义、从革命民主主义到共产主义的转变。我们党的老一辈无产阶级革命家也都是经过深入的理论学习甚至激烈的思想斗争，认识到只有科学社会主义才能救中国，最终确立起社会主义、共产主义理想信念的。今天的大学生要真正确立起社会主义、共产主义理想信念，也离不开严肃、深入的理论学习。加强马克思主义理论学习本身就是一种有力的筑梦行动，切忌浅尝辄止、不求甚解，切忌人云亦云、盲目抵触，要有探索真理、感悟时代的精神，认真刻苦地学习，特别要学习好当代中国马克思主义、二十一世纪马克思主义。只有这样才能真正认识我们所处的时代，认识我们追求的理想信念，认识我们青年一代肩负的历史使命。

要自觉投身社会实践大课堂，在实践中感悟我们国家的发展，感悟社会主义、共产主义伟大事业。科学理想信念从来不是通过在书斋中逻辑推演和概念建构确立起来的，而是通过在实践中感悟、实践中比较、实践中验证确立起来的。我们只有把自己置身于人类社会的伟大变革中、中国特色社会主义的伟大实践中，才能真正体悟社会主义、共产主义的真理。因此，我们认识科学社会主义理论，推动社会主义事业的发展，也需要在实践中亲身体验，既要深入中国特色社会主义伟大实践，也要认识世界各国的发展，特别是当代资本主义的新变化，在比较和辨析中得到启迪、深化认识、得出科学结论。新时代的大学生要牢固树立人民情怀，打破“躲进小楼成一统”的幻想，自觉到人民群众中去，到新时代新天地中去，在探索科学真理中不断坚定自己的理想信念。

要始终保持头脑清醒和独立思考能力，自觉抵制形形色色的错误观点，不断筑牢理想信念根基。青年阶段，是世界观、人生观、价值观形成的重要时期，也是最容易受到外界影响的人生阶段，能否成长为社会主义建设者和接班人，关键看这一阶段打下的底色和基础。今天的大学生不是在真空中学习生活，学校也不是一个超脱世俗的象牙塔，不是脱离社会的世外桃源。诸多事例告诉我们，但凡盲目听信错误思潮的蛊惑，理想信念不坚定，就很可能成为“恨国党”，其人生注定是一场悲剧。任何时候都不要忘记，做社会主义建设者和接班人，是全体人民共同利益对年轻一代的要求，在这一点上必须十分清醒、十分坚定。面对复杂的世界大变局，面对风起云涌的各种思潮，要始终保持敏锐的观察力和判断力，决不人云亦云、盲目跟风，做到“千磨万击还坚劲，任尔东西南北风”。

总之，新时代的青年大学生有自己的人生理想，也要坚守共产主义远大理想和中国特色社会主义共同理想，并把自己的人生理想融入“共同理想”和“远大理想”中，更好地把握人生命运，在为社会主义事业、共产主义事业奋斗中创造幸福人生！

5. 中国特色社会主义是什么样的社会主义

——我们国家还存在多种所有制经济，还有收入差距、城乡差距、社会不公等问题。如何理解我们坚持了科学社会主义基本原则，中国特色社会主义是社会主义？怎样去认识我国社会主义发展中存在的问题？

中国特色社会主义走到今天，取得了举世瞩目的成就，很多同学都为社会主义中国的日新月异而感到自豪。但也有同学看到我国还存在多种所有制，现实中还存在收入差距、城乡差距、社会不公等现象，由此提出，这些现象同我们在经典著作上看到的社会主义不完全一样。那么我们应该如何认识这些现象呢？

如何认识今天我国的社会主义

当前大学生们对社会主义的关注度越来越高，有的同学把现实中的社会主义和马克思主义经典著作上的社会主义作简单对比，由此产生了种种困惑和疑虑。

有的同学说，按照经典著作中的论述，社会主义应该是按照总的计划来进行社会生产，也没有商品和货币，为什么我国的现实情况与此不相符？我们为什么要发展市场经济？

有的同学提出，今天我国存在着大量的民营经济、外资经济，它们遍布于各个领域，吸纳了许多人就业，为社会提供着丰富多样的物质和精神产品，是不是公有制经济不占主体地位也可以呢？

有的同学发现，按照经典理论，在现实的经济生活中似乎还存在着“剥削”现象，如何看待这些现象的存在呢？

还有的同学问，一些高收入人群和普通劳动者之间存在悬殊的收入差距，城市和农村在物质文化发展水平上也有很大差异，这些现象为何会存在，如何消除这些现象？

有些同学说，社会主义制度应当是最美好的制度，但现实中我们看到还存在着形式主义、官僚主义和腐败现象，到底应该怎样看待和消除这些现象呢？

这些疑惑和问题可以归结为：如何看待我们今天的中国特色社会主义？如何看待中国特色社会主义发展过程中出现的问题？怎样坚持和发展中国特色社会主义？更进一步来说，我们要不要坚持我们所选择的道路，要不要坚持中国特色社会主义信念和共产主义理想？搞清楚这些问题具有非常重大的意义。

对社会主义认识为什么会产生困惑

什么是社会主义、怎样建设社会主义，社会主义的本质是什么、科学社会主义基本原则有哪些，同学们都能在教材及其他书籍中找到正确的答案。但为什么仍然会产生这样那样的疑惑，甚至产生认识上的偏差呢？

《社会主义从空想到科学的发展》

有些同学只是从书本出发，而没有结合历史发展和社会现实来认识社会主义。社会主义从来都是在实践中发展的，坚持理论和实践相结合是正确认识社会主义的一条基本原则。早在100多年前，马克思和恩格斯就在《共产党宣言》《社会主义从空想到科学的发展》等经典著作中描述了未来社会的美好景象，原则性地告诉了我们未来社会是什么样子，但并没有给出具体的细节。这表明仅仅根据书本上的这些“条文”来衡量什么是社会主义是不可取的。历史实践告诉我们，建设社会主义必须从生产力发展水平、社会发展现实阶段的实际出发。从书本出发而不是从实际出发来看待社会主义，就难以真正理解社会主义发展的长期性和曲折性，看不到处于初级阶段的社会主义必然带有旧时代的痕迹，存在着种种缺陷和不足，最后只能陷入教条、空想的迷思。对资本主义的认识也是如此，如果只是从书本和网络上甚至只是道听途说来认识资本主义，获得的认识往往是片面甚至错误的。比如，有的同学只看到了少数发达资本主义国家的“现代化”，没有看到世界上绝大多数实行资本主义制度的国家都不是发达国家，有的国家长期面临社会动荡、政府腐败、人民生活贫困，还有的甚至陷入战乱；有的同学只看到了资本主义国家少数精英生活富裕、光鲜亮丽的一面，没有看到绝大多数人民为社会失业率居高不下、种族歧视愈演愈烈、枪击暴力事件频发等问题所困扰；有的同学只看到今天社会主义国家和发达资本主义国家的发展水平仍然存在差距，没有看到中国特色社会主义发展迅速，人民生活水平极大提高，与发达国家的差距正迅速缩小。

有些同学对社会主义产生困惑，是受到西方错误思潮的影响。近年来，世界社会主义逐步摆脱苏东剧变带来的消极影响，重新聚集力量、走向复兴，特别是中国特色社会主义的巨大发展，使得社会主义与资本主义之间的历史演进及其较量发生了有利于社会主义的重大转变。因此，西方敌对势力加大了对社会主义攻击和诋毁的力度，把争夺青年作为和平演变社会主义制度的着力点，或是以学术为名发文章，或是组织写手在网上发帖子，或是打着批判反思的旗号，利用各种渠道，大肆散布“马克思主义过时论”“社会主义失败论”“资本主义制度永恒论”，大肆鼓吹历史虚无主义、新自由主义、“宪政民主”“普世价值”等，大肆炮制所谓“中国崩溃论”“中国威胁论”“中国责任论”“中国衰败论”等形形色色的错误观点，企图影响青年大学生的认识和判断。这些错误观点对部分同学产生了消极影响，导致一些人陷入认识上的迷茫和困惑。

有些同学是犯了“急性病”，没有认识到我国还处在社会主义初级阶段的基本国情。在社会主义建设的历史上我们曾经出现过脱离国情、急于求成的情况，给党和国家事业带来了严重影响。实践教育了我们，使我们深刻地认识到建设社会主义必须一步一个脚印地走，必须符合自己的国情。我们党提出了社会主义初级阶段的理论。党的十九大强调，“我国仍处于并将长期处于社会主义初级阶段的基本国情没有变，我国是世界最大发展中国家的国际地位没有变”。如果不能从社会主义初级阶段的实际出发，急于求成，就看不到社会主义发展是一个不断解决问题、逐步克服自身弊端、不断完善自身制度的过程，就容易陷入脱离实际的空想，导致各种困惑和疑虑，从而产生错误的认识。

一些同学产生模糊认识，与其缺乏对我国社会主义发展实践的深入体验有关。现在的大学生基本都出生于2000年之后，步入大学之时，我们国家迎来了从站起来、富起来到强起来的伟大飞跃，经济发展、社会进步，人民生活水平、综合国力和国际影响力早已今非昔比。许多同学对取得这些成就的艰辛历史过程、对老一辈为今天成就付出的心血和汗水没有亲身体验和深刻认识，没有经历过新中国成立前后、改革开放前后不同时期的鲜明对比，对中国特色社会主义道路的历史渊源、理论依据、实践基础缺乏全面深入的认识。这就使一些同学觉得今天我们取得的成就是理所当然的，现实中存在的不足和问题则是不可容忍的。缺乏历史的、发展的眼光，难免导致一些观点脱离实际，出现片面甚至错误的认识。

正确认识中国特色社会主义坚持了科学社会主义的基本原则

中国特色社会主义是科学社会主义理论逻辑和中国社会发展历史逻辑的辩证统一。习近平指出：“中国特色社会主义，既坚持了科学社会主义基本原则，又根据时代条件赋予其鲜明的中国特色。”

中国特色社会主义对科学社会主义基本原则的坚持，包括在中国共产党领导下，立足基本国情，以经济建设为中心，坚持四项基本原则，坚持改革开放，解放和发展社会生产力，建设社会主义市场经济、社会主义民主政治、社会主义先进文化、社会主义和谐社会、社会主义生态文明，促进人的全面发展，逐步实现全体人民共同富裕，建设富强民主文明和谐美丽的社会主义现代化国家；包括坚持人民代表大会制度的根本政治制度，中国共产党领导的多党合作和政治协商制度、民族区域自治制度以及基层群众自治制度等基本政治制度，中国特色社会主义法律体系，公有制为主体、多种所有制经济共同发展，按劳分配为主体、多种分配方式并存，社会主义市场经济体制等社会主义基本经济制度。习近平指出：“这些都是在新的历史条件下体现科学社会主义基本原则的内容，如果丢掉了这些，那就不成其为社会主义了。”

我们坚持人民代表大会制度这一根本政治制度，使国家的一切权力属于人民，最大限度保障人民当家作主，把党的领导、人民当家作主、依法治国有机统一起来，有效保证国家治理跳出治乱兴衰的历史周期率。中国共产党的领导是中国特色社会主义制度的最大优势。党通过人民代表大会制度，倾听人民呼声，集中人民智慧，维护人民利益，广泛调动、充分发挥人民群众积极性、主动性、创造性，团结和动员全体人民以国家主人翁的身份投身改革开放和社会主义现代化建设，充分保障了人民的各项基本权利。我国根本政治制度为党领导人民创造经济快速发展奇迹和社会长期稳定奇迹提供了重要制度保障。

我们坚持以公有制为主体、多种所有制经济共同发展，始终把公有制作为社会主义经济制度的基础。我国公有制经济是长期以来在国家发展历程中形成的，积累了大量财富，这些财富为全体人民共同所有。公有制的主体地位主要体现为公有资产在社会总资产中占优势，国有经济控制国民经济命脉，对经济发展起主导作用。坚持公有制为主体同坚持多种所有制经济共同发展不是矛盾的，而是统一的。公有制经济、非公有制经济应该相辅相成、相得益彰，而不是相互排斥、相互抵消。坚持公有制为主体，有利于发挥社会主义制度的优越性，增强我国经济实力、国防实力和民族凝聚力，防止两极分化，维护社会公平正义，逐步实现共同富裕，为社会主义国家政权的巩固提供强大物质基础。对基础设施的大规模投入、对义务教育阶段学杂费的免除、为整个社会提供均等化的公共服务、为资本设置“红绿灯”以遏制其无序扩张等，都是因为公有制经济的主体地位才成为了可能。讲到所有制问题，就涉及一些同学所提到的“现在存不存在剥削，应如何看待”的问题。所谓剥削，是指凭借生产资料的私人所有权无偿占有他人劳动的现象。在我国公有制企业中，由于生产资料属于全民所有或集体所有，劳动成果由全体人民或集体所有成员共同占有，因此不存在“无偿占有他人劳动”的问题。由于现阶段我国实行以公有制为主体、多种所有制经济共同发展，按劳分配为主体、多种分配方式并存的制度，允许资本、土地、技术、管理等生产要素参与分配，所以在一定范围内仍然存在“凭借生产资料的私人所有权无偿占有他人劳动”的现象。剥削是一种历史现象，是随着私有制而产生的，在原始共产主义社会就不存在所谓剥削。恩格斯指出：“一切产生出来的东西，都注定要灭亡。”剥削作为一种历史现象，也必然会在历史中消亡。

我们坚持把社会主义制度和市场经济有机结合起来，发挥市场在资源配置中的决定性作用，更好发挥政府作用，既发挥了市场经济的长处，又发挥了社会主义制度的优越性。建立社会主义市场经济体制是我们党的一个伟大创举。社会主义市场经济体制打破了传统的“计划经济 = 社会主义”“市场经济 = 资本主义”的认识局限，既能够充分发挥市场配置资源活力强、效率高的优势，又能够通过国家的宏观调控来维护经济运行的稳定和社会公平，使经济发展更好地为建设中国特色社会主义事业服务，为实现全体人民共同富裕的目标服务。习近平指出：“我们是在中国共产党领导和社会主义制度的大前提下发展市场经济，什么时候都不能忘了‘社会主义’这个定语。”“社会主义”这几个字点明了我国市场经济的性质。正是因为我们发挥了市场经济和社会主义制度双重优势，才使我国成为世界上发展最快的国家之一，经济发展取得了举世瞩目的成就，人民生活水平得到了极大提高。

我们坚持走共同富裕的道路，把实现全体人民共同富裕作为社会主义的本质要求。为了实现中国人民对美好生活的追求，一代代中国共产党人作出了长期不懈的努力。改革开放以来，我国 7.7 亿农村贫困人口摆脱贫困。党的十八大以来，我们打响了脱贫攻坚战，实施精准扶贫战略，使近 1 亿农村贫困人口实现脱贫，千百年来在神州大地肆虐的绝对贫困问题得到历史性解决。党的十九大以来，我们党把扎实推动全体人民共同富裕摆在更加重要的位置，提出实现全体人民共同富裕是全面建设社会主义现代化国家的重要目标。党和政府采取有力措施，大力推进科技自立自强，推动高质量发展，促进区域协调发展，实施乡村振兴战略，推进以人为核心的新型城镇化，正确处理公平和效率的关系，完善分配制度，促进社会公平正义，丰富人的精神生活，促进人的全面发展，使全体人民共同富裕目标一步一步在中华大地扎实实现。

实践证明，中国特色社会主义始终坚持科学社会主义基本原则，并把这些原则同我国具体实际、历史文化传统、时代要求紧密结合起来，使古老的中华大地焕发出新的生机与活力，中华民族展现出前所未有的创造力，写出了科学社会主义的“新版本”。

正确看待我国社会主义发展中存在的种种问题

正确认识社会主义，要正确看待发展中存在的种种问题。新中国成立以来，经过 70 多年的发展，我国社会主义建设取得了巨大的成就，但仍然面临不少困难和挑战，存在着许多不足。例如，当前我国就存在着城乡发展不平衡、收入分配差距依然较大、社会不公、腐败等问题。这些问题都是一定历史条件下存在的问题，是发展中的问题，需要在社会主义发展中不断加以解决。

现阶段我国存在分配不公和收入差距问题，是客观存在的现实，人民群众对此不满，党和政府也高度重视解决这个问题。对这个问题，我们一方面要理性看待，正确分析和认识；另一方面要通过大力促进我国经济社会发展、不断完善相关社会政策来有效解决。必须看到，改革开放以来，全国人民的生活水平普遍提高。2021 年城镇居民人均可支配收入 47412 元，比 2012 年增长 96.5%，农村居民人均可支配收入 18931 元，比 2012 年增长 125.7%。到 2023 年，城镇居民人均可支配收入已达 51821 元，农村居民人均可支配收入已达 21691 元。党和政府一直在采取有力措施解决分配不公和收入差距问题。党的十八大以来，出台了一系列解决收入分配差距问题的政策，明确把逐步实现全体人民共同富裕作为全面建成小康社会、全面建设社会主义现代化国家的目标，强调要让人民群众切实感受到推进共同富裕在行动、在身边、在深化。收入的绝对平等、富裕程度的完全一致，在现阶段是不利于生产力发展的，也是不现实的，但尽可能缩小贫富差距、避免两极分化、最终实现共同富裕，始终是党和政府不懈的追求。2023 年国务院审议通过《关于加强低收入人口动态监测 做好分层分类社会救助工作的意见》，对易返贫人口加强监测、及早干预，推动各地更加精准、及时、有效地做好社会救助工作；不断出台解决农民工住房、医疗、教育、社保等问题的一系列政策和措施，促进他们融入城市；采取有力措施，有效减轻困难家庭教育负担，扩大保障性租赁房供给，重点解决好以刚毕业大学生为主要群体的新市民住房问题；通过个人所得税、消费税、财产税等加强对高收入的调节，合理缩小行业收入分配差距，坚决取缔非法收入，遏制权钱交易，打击内幕交易、操纵股市、财务造假、偷税漏税等获取非法收入行为；持续加大扶贫济困、教育、医疗卫生、助残助老、减灾救灾等方面的投入。可以说，中国特色社会主义始终把人民生活更加美好、全体人民共同富裕、人的全面发展作为根本任务和奋斗目标。

城乡之间的差距是我国历史发展遗留下来的，也是发展过程中长期形成的。党的十八大以来，党和政府通过实施精准扶贫等战略，已经使得城乡差距大大缩小，农民的生产生活得到极大改善。但也要承认，城乡差距依然是制约我国全面建设社会主义现代化国家的短板。习近平指出：“全面建设社会主义现代化国家，最艰巨最繁重的任务仍然在农村。”党的十九大以后，我们党提出并实施了乡村振兴战略，把全面推进乡村振兴作为建设社会主义现代化强国的重要任务。2024 年 1 月发布的《中共中央 国务院关于学习运用“千村示范、万村整治”工程经验 有力有效推进乡村全面振兴的意见》提出提升乡村产业发展水平、提升乡村建设水平、提升乡村治理水平等十多条措施，都是缩小城乡差距的实际举措。近些年来，乡村振兴战略全面推进，乡村经济社会快速发展，农业综合生产能力持续提升，富民产业不断发展壮大，脱贫攻坚成果得到巩固拓展，城乡居民收入差距持续缩小，乡村面貌得到明显改善。2023 年中央财政衔接推进乡村振兴补助资金用于产业发展比重已达到 60%，农产品加工业产值与农业总产值比值提高到 2.52，新建 50 个国家现代农业产业园、40 个优势特色产业集群、200 个农业产业强镇和 100 个农业现代化示范区，全国

浙江省安吉县乡村一角

农村卫生厕所普及率超过 73%，生活垃圾得到收运处理的行政村比例超过 90%，开展清洁行动的村庄超过 95%，村规民约实现全覆盖，高额彩礼、人情攀比、厚葬薄养等陈规陋习正在得到有力遏制。

对待消极腐败现象，既要看到存在的问题，也要看到反腐败斗争取得的巨大成绩，更要看到党和政府作出的持续不断的努力。中国的社会主义是从半殖民地半封建社会的基础上脱胎而来的，不可避免地会带来一些旧社会的痕迹。在对外开放的环境中，西方资产阶级的腐朽思想也会对我们社会包括对一些党员干部产生消极的影响。同时，我们大力发展市场经济，市场经济自身具有的逐利性、竞争性和等价交换原则，也会侵蚀到我们的社会生活甚至党员干部队伍中来。这些都是腐败现象产生的社会条件。对待腐败现象，我们党首先是坚决反对，始终以零容忍态度坚决予以遏制，同时采取标本兼治的方法，持续深入开展斗争。党的十八大以来，我们党以制定和贯彻中央八项规定破题，坚决遏制长期存在的公款吃喝、铺张浪费、奢靡之风等顽瘴痼疾，坚决整治形式主义、官僚主义、享乐主义和奢靡之风；采取前所未有的力度和措施，以猛药去疴、刮骨疗毒的决心和勇气铁腕惩治腐败，查处了一大批重大腐败案件，反腐败斗争取得压倒性胜利并全面巩固。

实现和维护社会公平正义始终是我们党的重要使命。近年来，党和政府把维护司法公正、保护人民安居乐业作为工作重点。浙江陈满案依法撤销原判，内蒙古呼格吉勒图案得以查清和纠正，跨越 21 年的聂树斌案在疑罪从无的刑事司法原则指导下被判无罪。公安机关重拳出击扫黑除恶，向黑恶势力发起强大攻势，坚决打击欺压百姓的“村霸”“市霸”“宗族恶势力”“地下钱庄”等，一批黑恶势力的“保护伞”被拔掉、“关系网”被深挖，扫出了河清海晏、盈盈正气。

党和政府对人民群众反映强烈的日常生活中的问题也高度关注。从高空抛物的法律追责到未成年人打赏可以依法追回的保护措施，从维护英烈名誉到不让见义勇为英雄流血又流泪，从解决拖欠农民工工资到坚决惩治“老赖”，从惩治社会上存在的道德绑架到净化网络空间环境等，采取的一系列有力有效的举措都得到人民群众的广泛好评。党和政府还着眼于让发展成果更多更公平惠及全体人民，集采药价降了，基本养老金涨了，义务教育学校生均公用经费基准定额提高了。2023 年，全国基本养老、失业、工伤保险参保人数已分别达 10.66 亿人、2.44 亿人、3.02 亿人，各级政府各类资金直接支持就业创业超过 2000 亿元、1800 多万人次享受职业技能培训补贴，全国筹集建设保障性租赁住房 204 万套（间），全国新开工改造城镇老旧小区 5.28 万个，惠及居民 870 万户。

筑牢理想信念之基

心中有信仰，脚下才会有力量。青年大学生对于中国特色社会主义是否有信念有信心，直接关乎国家的未来和民族的希望。

坚定的理想信念是建立在科学理论基础之上的。要始终保持学习马克思主义理论的热情和钻劲，坚定政治方向，铸牢理想信念，提高素质能力，提振奋斗精神。100 多年前，一批青年因为坚信马克思主义真理能够拯救中国，义无反顾地踏上为民族谋复兴、为人民谋幸福的漫漫征途，在黑暗中高擎真理的火炬，开启了实现中华民族伟大复兴的征程。一代代中国共产党人为了真理前仆后继、不懈奋斗，用青春和鲜血铸就了实现中华民族伟大复兴的历史性成就和光明前景。

“为有牺牲多壮志，敢教日月换新天”，只有坚定共产主义远大理想和中国特色社会主义共同理想，积极投身于党和人民的伟大事业，不断认识真理、追求真理、笃行真理，才能不负韶华，成就无悔人生。

今天，我们比历史上任何时期都更接近、更有信心和能力实现中华民族伟大复兴，我国已经迈上全面建设社会主义现代化国家的新征程。今天的大学生风华正茂，到2035年正值壮年，到本世纪中叶仍年富力强，大家将是中华民族伟大复兴的亲历者、见证者、建设者，其中必然会涌现出一批国家的功臣、民族的英雄、人民群众的带头人。中国特色社会主义是在时代中发展的，我们也只有置身于伟大时代才能深切体悟中国特色社会主义理论和实践，才能深刻认识中国特色社会主义对科学社会主义基本原则的坚持和发展，才能深刻了解中国特色社会主义对于世界社会主义事业、对于人类进步的重大意义。新时代青年要学习践行习近平新时代中国特色社会主义思想，坚持自信自强，鼓足干事创业的精气神，勇做走在时代前列的奋进者、开拓者、奉献者。

坚定中国特色社会主义信念，要自觉抵制各种各样错误思想的影响。青年大学生正处在拔节孕穗的关键时期，既具有求知欲强、思维活跃的优点，又存在阅历还不丰富、理论功底不扎实的短板，往往容易受到一些时髦词句、流行观点的影响。要更加自觉地加强理论学习，深入领会习近平新时代中国特色社会主义思想，努力掌握马克思主义的科学方法，不断提升理论素养，不断强化政治敏感性和政治判断力，提高认识问题和分析问题的能力，坚定道路自信、理论自信、制度自信、文化自信，增强做中国人的志气、骨气、底气，坚定不移听党话、跟党走，以坚定的理想信念筑牢精神之基。

6. 为什么要坚定中国特色社会主义信念

——我们老讲资本主义一定会灭亡，可是为什么当今世界发达国家大都是资本主义，社会主义国家不占优势？社会主义究竟能否替代资本主义？为什么要坚定中国特色社会主义信念？

今天中国特色社会主义取得辉煌成就，世界社会主义赢得新发展，但从全球总体格局来看，资本主义国家还是占大多数，并且发达国家大都是资本主义国家。如何看待社会主义的未来前景，为什么说社会主义必然替代资本主义的趋势仍然没有变，对这些重要问题进行辨析和回答是非常有意义的。

对社会主义前景的种种困惑

随着中国特色社会主义日新月异的发展，世界力量对比发生了新的变化，世界范围内开始重新出现“马克思主义热”“社会主义热”，广大青年学生对中国特色社会主义的认同感不断增强。同时，一些同学也提出了如何认识资本主义和社会主义的问题。

有的同学问，今天世界上大多数国家都是资本主义国家，社会主义国家仍然是少数，怎样理解人类社会终将走向社会主义和共产主义？

有的同学提出，今天世界上最发达的国家基本都是资本主义国家，这是不是说明资本主义制度先进、更能促进生产力的发展？

有的同学说，20 世纪 80 年代末 90 年代初发生苏东剧变，社会主义遭遇严重挫折，许多社会主义国家转向了资本主义，这是不是说明社会主义已经失败了？为什么今天我们说社会主义仍然充满希望？

有的同学问，地球上出现社会主义制度 100 多年了，资本主义和社会主义力量此消彼长，但资本主义“垂而不死”，社会主义究竟到何年何月才能替代资本主义？

还有的同学提出，今天的北欧诸国施行高福利主义，经济发达，人民生活水平比较高，是不是这些国家搞的也是社会主义？为什么我们必须坚持走中国特色社会主义道路？

以上这些问题表明，很多大学生都关心世界社会主义的前途命运，关心社会主义中国的前途命运，但同时也表明同学们对此还存在种种困惑和疑虑。这些困惑和疑虑背后凸显的是对社会主义和资本主义缺乏深刻认识，对社会主义进程为什么会出现曲折认识不全面，对资本主义新变化理解不透彻，等等。这些都涉及青年大学生对社会主义、共产主义的理想信念问题。

对社会主义的种种困惑为何会产生

对社会主义的各种困惑，很多是由于没有真正搞清楚什么是社会主义、什么是资本主义，对二者进行比较时也缺乏历史和发展的眼光。目前的社会主义国家都是在生产力不发达的基础上建立起来的，不仅生产力落后，而且还带有许多旧社会的痕迹，这决定了社会主义发展起来必然是一个长期过程，决定了这种发展过程具有艰巨性，不可能“速胜”。实践表明，虽然社会主义国家的发展起点普遍比较低，但经过艰苦奋斗大都获得了快速发展，迅速走上了工业化和现代化的“快车道”。如果我们只看到“起点低”看不到“变化大”，只看到“差距大”看不到“追赶快”，就很容易忽视社会主义的优越性，看不到社会主义更有利于生产力发展。社会主义的优势更主要的不是体现在发展速度上，而是体现在生产目的上。社会主义生产与资本主义生产的根本区别，在于其目的是否是实现全体人民共同富裕。一些资本主义国家确实很发达，但以资本为中心、以追求利润为目的的生产，最终只能使财富集中到少数人手中，导致贫富差距、两极分化。我们要看到，目前的发达资本主义国家大都经历了几百年的发展和积累，历史上靠殖民掠夺和压榨第三世界国家人民和本国人民攒下了巨额财富，而我国社会主义是在历史上遭受帝国主义、封建主义和官僚资本主义长期掠夺和剥削，在一穷二白基础上发展起来的。我国的发展不靠殖民掠夺，不靠剥削压榨其他国家人民，靠的是全国各族人民自力更生、艰苦奋斗，是一点一点干出来的。在全球范围，我国发展能在不长的时间内达到今天这样的水平，完全有充分的理由为我们党、我们国家、我们的人民自豪！看待社会主义要用历史的眼光和发展的眼光，脱离具体国情、脱离历史发展过程比较社会主义和资本主义是不可取的，也不可能得出正确的结论。

一些同学对社会主义和资本主义的困惑和疑虑，也与西方敌对势力长期诋毁攻击有关。社会主义事业一路走来，一直受到西方一些敌对势力的攻击和诋毁。20 世纪，世界社会主义在发展探索中出现了一些失误和挫折，反社会主义势力将某些历史事件的影响翻来覆去炒作，将一些失误无限放大。冷战结束后，西方更是蓄意把苏联与东欧国家的失败等同于社会主义的失败，散布“社会主义失败论”“历史终结论”，宣称社会主义“历史性退场”，资本主义取得了“决定性胜利”，妄图以此扑灭社会主义和共产主义在世界各国人民心中的希望。这种思潮也不可避免地渗入校园，影响了一些学生的思想。这些年来，各高校虽然加强了大学生思想政治教育和社会主义理想信念教育，一些错误思潮逐步失去市场，但其残余影响仍然存在，使得部分学生产生了种种困惑和疑虑。

缺乏对社会主义历史实践的深刻体悟，是一些同学产生困惑和疑虑的重要原因。社会主义是引领人类进步的明灯，今天人类社会所取得的许多进步，都是在社会主义运动推动下逐步实现的。第一个社会主义国家苏联出现以后，就展现出了超越资本主义的强大生命力，从一个经济文化相对落后的“扶木犁的穷国”，发展成为一个能与美国平起平坐的工业强国。社会主义国家的发展起点虽然普遍远低于资本主义国家，但在实践中取得了惊人的发展成就，到 20 世纪 80 年代，占世界人口总数约 1/3 的社会主义国家，创造了全世界 2/5 的工业总产值。中国走上社会主义道路，迅速摆脱了一穷二白的面貌，建立起独立的、比较完整的工业体系和国民经济体系。特别是改革开放以来，我国经济总量相继超过意大利、法国、英国、德国、日本，稳居世界第二，神州大地面貌日新月异，公路成网、铁路密布、西气东输、南水北调、蛟龙探海、嫦娥奔月，人民生活发生了天翻地覆的变化。生

南水北调工程

“复兴号”高铁

蛟龙号

嫦娥八号（模拟动画）

活在互联网时代的青年学生，没有经历过老一辈走过的艰苦奋斗岁月，没有深切感受过从物资匮乏走向生活丰裕的巨大变迁，因而对我国在较短历史时期内创造的巨大成就和进步缺少纵向的历史比较和真切的实践感知。这些年来，流行着“一出国就爱国”的现象，很多人经常听别人说外国哪儿哪儿都好，对国外心向往之，但一出国就立马体会到了生活在社会主义中国的安全感、便利感、富足感。可见，对社会主义和资本主义的正确认识，都要从历史和社会实践中得出。

坚定社会主义、共产主义理想信念

牢固的理想信念，来源于对科学理论的深刻认识和把握。社会主义代替资本主义的科学结论，是建立在对资本主义的基本矛盾和人类社会发展规律的认识基础之上的。马克思通过对资本主义社会基本矛盾的深刻分析，创立了唯物史观和剩余价值学说，揭示了人类社会发展的一般规律，也揭示了资本主义运行的特殊规律，为人类指明了从必然王国向自由王国飞跃的途径，为人民指明了实现自由和解放的道路。100多年来，资本主义和社会主义都发生了巨大变化，但资本主义固有矛盾没有变，工人阶级历史使命没有变，科学社会主义的真理性没有变。西方学者关于资本主义社会“1%的民有、民治、民享”的形象说法，以及近年来出现的美国“占领华尔街”运动、英国骚乱和法国的“黄马甲运动”等，都是这些“没有变”在今天资本主义世界的反映。我们要深入学习掌握马克思主义这个理论武器，掌握科学社会主义这个真理，全面正确分析资本主义与社会主义运动变化，更好地把握我们今天所处的时代，牢固树立社会主义和共产主义理想信念。

要提高思想自觉，抵制形形色色的错误观点的影响。前进道路上，社会主义还要接受历史的检验，还需要一代又一代的后继者传承和探索，但更为关键的是社会主义、共产主义伟大事业的接班人能否继承先辈们的遗志，始终如初、坚持不懈地把实现美好理想的伟大事业进行到底。针对社会主义的各种污蔑、否定和“唱衰”未来可能还会长期存在，各种错误思潮对青年学生的影响随时可能出现。有志于人类美好理想的青年大学生，要立场坚定、志存高远，警惕错误思潮的迷惑，勿为暂时的曲折所动摇，要做到“不畏浮云遮望眼”，始终做社会主义的实践者、捍卫者。我们要不断提高“免疫力”和辨别力，善于在理论与实践、历史与现实的对比分析中破除似是而非的认识误区，认清世界和中国发展大势，从而坚定中国特色社会主义的信念并自觉为之奋斗。

自觉投身社会实践，在实践中印证比较和深化认识。社会主义从来都不是书斋里的学问，而是在实践中产生和推进的，也只有在实践中才能切实感受其真理性。我们要深入中国特色社会主义伟大实践，深刻感悟对口帮扶、结对扶贫、“一个也不能少”彰显的社会主义共同富裕伟大追求，深刻感悟重大自然灾害袭来时全国人民同心同德、舍生忘死、无私奉献的社会主义价值观和人民至上价值理念，深刻感悟密布祖国大地的“只为利民、不计成本”高速铁路、高速公路等浩大工程彰显的社会主义发展观和建设观，深刻感悟全国各条战线“我不奉献，谁来奉献”豪迈情怀绽放出的社会主义理想光芒等。社会主义是干出来的！对青年大学生来说，要在干中认识社会主义，也要在深化认识中更好地干社会主义。只有在理论和实践的结合中，我们对社会主义的追求和热爱才会更深切。

7. 为什么说反腐永远在路上

——党的十八大以来，经过我们党坚持不懈的强力反腐，反腐败斗争取得了压倒性胜利。但是，现在社会上仍然有腐败发生，怎么看待这种现象？我们是社会主义国家，为什么会产生腐败？腐败现象能不能根除？

反腐败是一个历史性问题，也是世界性难题，是人类面临的共同任务。党的十八大以来，我们党坚持反腐败无禁区、全覆盖、零容忍，以雷霆之势、霹雳手段持续不断地整治腐败，取得了有目共睹的巨大成绩，同学们对此高度认可。但腐败问题仍然存在，令一些同学感到困惑。如何看待这个问题，需要我们认真思考和辨析。

关于腐败问题的各种困惑

反腐败是社会公众高度关注的话题，围绕这个话题也有各种各样的说法和议论。大家经常在网络上、电视上看到查处各类贪官的新闻，一方面拍手叫好，另一方面也对还有这么多腐败现象感到困惑。

有的同学说，现在仍然经常看到贪官落马，为何反腐力度这么大，还是有腐败出现呢？腐败是不是无法根除？其根源究竟是什么？

有的同学提出，我们是社会主义国家，宪法和法律都规定党和国家干部是为人民服务的、是人民公仆，为什么这些干部也会腐败？腐败是市场经济导致的吗？是不是不搞改革开放就没有腐败呢？

有的同学说，资本主义国家也进行反腐败，这与我们国家的反腐败是一样的吗，有什么区别呢？西方一些人说反腐败就是“权力斗争”，就像《纸牌屋》反映的那样，我们国家的反腐也是那样吗？

有同学认为，自己作为学生，与反腐败没有关系，“我们手中不掌握权力和资源，腐败离我们还很远”，这种思想对吗？

以上种种说法和疑问表明，一些大学生虽然关注我们国家进行的反腐败斗争，但对这场斗争的性质以及特点仍然存在模糊认识。反腐败斗争关系党和国家的前途命运，关系国家发展和社会公平正义，也关系我们每一个人将处于什么样的生活环境。搞清楚反腐败的重大问题，是十分必要的。

如何看待腐败和反腐败

腐败是社会的顽疾，是一种历史现象。中国历史上因为统治集团严重腐败人亡政息的例子比比皆是，当今世界上其他国家由于执政党腐化堕落、严重脱离群众失去政权的例子也不胜枚举。从根本上讲，腐败是在私有制基础上产生的，是剥削制度、剥削阶级的产物。物质财富的匮乏、私有制的存在、统治阶级对财富的贪欲，是腐败产生的社会历史根源。腐败本质上是权力的越轨、寻租，主要表现是贪赃枉法、行贿受贿、敲诈勒索、权钱交易、挥霍人民财富、腐化堕落等。历史上的剥削阶级本质上是同人民根本对立的，他们以手中的公共权力谋取个人私利，权不为民所用，利不为民所谋，因而腐败屡禁不绝，甚至愈演愈烈。当今世界，对物质财富的私人占有仍然在人类社会普遍存在，这种私人占有发展到滥用公权力去实现就是腐败。无论是发达国家还是发展中国家，都有腐败问题的出现。

我国是社会主义国家，我国的社会制度与腐败是水火不容的；我们党是代表全中国人民利益、大公无私的党，党的性质宗旨更是与腐败水火不容。新中国成立初期，我们荡涤旧社会的污泥浊水，几千年的腐败得到了根本遏制。我们党严肃处理了刘青山、张子善等腐败官员，开展了大规模反贪污、反腐败的斗争，展示了“新社会”的良好形象。由于我国经济发展水平还不高，仍处于并将长期处于社会主义的初级阶段，腐败赖以产生的社会经济基础仍然存在，反对贪腐的斗争需要长期进行。实行改革开放和社会主义市场经济，是我国社会主义发展的必然选择。在这个过程中，由于市场经济的趋利性，特别是受到资本主义社会拜金主义、享乐主义、极端个人主义的影响，同时我国封建社会长期存在的“官本位”“特权思想”等封建主义和其他剥削阶级的思想长期存在，加上适应市场经济这一巨大变革的管理制度的不健全，这些因素导致腐败现象一度严重发展。

但是，党和政府对腐败始终坚决打击。邓小平指出:“开放、搞活，必然带来一些不好的东西，不对付它，就会走到邪路上去。”反腐败不是搞一天两天，要长期搞下去。党的十八大以来，党中央从党和国家生死存亡的高度开展反腐败斗争，坚持标本兼治、综合治理，大力加强制度建设，形成了一套权力监督制度和执纪执法体系，构建起了党全面领导反腐败工作的新格局，探索出了一条长期执政条件下党如何进行自我监督的有效路径，彰显了中国共产党强大的自我净化能力。我们党的反腐败不是看人下菜的“势力店”，不是争权夺利的“纸牌屋”，也不是有头无尾的“烂尾楼”，而是以“得罪千百人、不负十四亿”的使命担当祛疴治乱。党中央坚持重遏制、强高压、长震慑，坚持有案必查、有腐必惩，“打虎”“拍蝇”“猎狐”多管齐下，有效查处了一批十分重大的案件，反腐败斗争取得压倒性胜利并全面巩固。不可否认的是，腐败现象

仍然在一定范围内存在。这是因为现阶段滋生腐败的土壤和条件仍然存在，铲除这些土壤和条件还必须付出长期艰苦的努力。习近平强调：“要保持清醒头脑，永远吹冲锋号，牢记反腐败永远在路上。”在坚持不懈深入推进反腐败斗争的同时，也要警惕有些别有用心的人尤其是西方一些势力利用腐败问题对我们党和国家进行歪曲和误导，企图否定我们反腐败的成绩、否定我们的政治制度。要坚持以全面的、发展的眼光来看待反腐败问题，不被别有用心的人带节奏。

坚决把反腐败斗争进行到底

腐败是政治之“癌”，铲除腐败是一个世界性难题。我们必须坚信党和国家坚持反腐败的决心和立场，也要看到反腐败是一场攻坚战持久战，需要作出长期努力，大学生也要准备为此作出贡献。

要深刻认识反腐败斗争的长期性和艰巨性。反腐败是党和国家一贯的政治立场。从某种意义上说，一部中国共产党的历史，就是一部不断与腐败现象作坚决斗争、建设廉洁政治的历史。同时，也要看到我们是在一个经济文化相对落后国家建设社会主义，腐败问题产生的土壤和条件尚未彻底铲除，反腐败斗争形势依然严峻复杂。特别是一些腐败问题产生了新的变种，公开的贪污腐败与隐性腐败相交织，贪腐问题与不正之风相交织，经济腐败与政治变质相交织，等等。这使反腐败斗争面临更加复杂的形势，需要用更加严格的制度、更加有力的措施来加以解决。要保持打持久战的韧性，有力遏制增量，有效清除存量。

要坚定反腐必胜的信心。评价一个政党、一个政权的性质，这个政党、政权对待腐败的态度是一个试金石。我们党从建党之初就确立了为人民谋幸福、为民族谋复兴的初心，从来没有自己的特殊利益，也不代表任何利益集团、任何特权阶层的利益，始终同一切腐败是根本不相容的。延安时期，毛泽东给出了让人民监督政府这个跳出历史周期率的第一个答案，为防止腐败现象提供了重要指导。习近平在此基础上给出了第二个答案，那就是不断推进党的自我革命。反腐败是最彻底的自我革命。党的十八大以来，我们党以刀刃向内、刮骨疗毒、壮士断腕的决心和勇气掀起反腐风暴，一体推进不敢腐、不能腐、不想腐，让党员干部因敬畏而“不敢”、因制度而“不能”、因觉悟而“不想”，深化了对反腐败斗争规律的认识，为新时代新征程反腐败斗争指明了方向。党的十八大以来反腐败斗争的成绩是巨大的、有目共睹的，反腐败斗争压倒性态势已经形成，并得到人民群众称赞，党

心民心得到极大提振。不能因为今天仍然有腐败现象存在，就认为“腐败越反越多”，甚至认为“腐败反不尽”。必须清醒认识到，彻底解决腐败问题绝非一朝一夕之功，防范和反对“围猎”腐蚀还要做更多工作，清理系统性腐败、抵制隐蔽性腐败还任重道远。腐败并非不治之症，只要我们咬定青山不放松，就一定能铲除这个毒瘤。要牢记反腐败永远在路上，不断在铲除滋生腐败的土壤和条件上发力，始终保持高压态势，永远吹冲锋号，坚决打赢反腐败斗争攻坚战持久战。

要从自我做起、从身边做起，自觉抵制一切腐败现象和不良风气。反腐败斗争的顺利推进离不开我们每个人的积极参与。作为大学生，我们需要警惕校园生活中的微腐败。微腐败是指发生在基层群众身边，利用手中职权进行的不正当行为，如雁过拔毛、吃拿卡要等，这些行为虽然可能只涉及较小的金额，但其本质仍然是腐败。校园里也有类似的微腐败，如果不杜绝就有可能酿成大祸。“勿以恶小而为之，勿以善小而不为。”青年是国家的未来和希望，肩负着强国建设、民族复兴的历史重任，从现在开始就要培养廉洁奉公的精神，敢于同各种腐败作斗争，坚决抵制各种诱惑，积极弘扬廉洁文化，共同营造风清气正的校园生态，为将来走向社会筑牢拒腐防变的思想防线。

8. 究竟应该怎样看待民主

——民主是大学生关心的话题，有些同学对此一直存在困惑。比如，有人说西方是“民主灯塔”，也有人说中国的民主才是真民主。哪个说得有理？究竟什么是民主？应该怎么去发展民主呢？

民主是全人类的共同价值，也是社会主义追求的目标，没有民主就没有社会主义，就没有社会主义现代化。但民主的理论数不胜数，民主的实践更是千差万别，这就使人们对民主的认识颇有分歧，导致不少大学生产生困惑，需要认真辨析。

众说纷纭话民主

在大学校园中，很多同学关心民主问题，对什么是社会主义民主、什么是资本主义民主、应该建设什么样的民主、如何去实践民主都很关心。但有一些同学看问题流于表象，被五花八门的民主观所迷惑，产生了许多疑问和误解。

有的同学说，选举是民主的真谛，西式民主一人一票看起来更公平，三权分立、多党制、代议制等可以很好地制约权力。有的同学认为，西方大选时不同党派激烈竞争，候选人相互攻击，选民可以公开批评候选人，这不是很民主吗？

有的同学说，我们的社会主义民主本质上是好的，全过程人民民主的理念也非常好，但我们在现实生活中参加民主活动的机会不多，即使参加，直接感受也不深。

还有同学说，我们国家讲民主集中制，民主和集中不是矛盾吗？讲集中会不会影响民主，导致个人说了算？

上述问题表明，确实有一些大学生对民主的认识存在表面化、概念化的倾向，注重形式而不追问实质，看重程序性、表象性而不看重实际效果。民主是人民的权利，也是国家的重要制度，关系到社会的进步和人民的幸福，如果对民主认识不清，就可能导致思想上出现混乱、行动上走向偏激，严重的甚至会导致政权颠覆、社会动荡。因此，澄清模糊认识非常重要。

在民主问题上产生种种困惑的原因

民主本身很复杂，这种复杂性正是一些困惑产生的原因。当代大学生思想敏锐、善于接受新事物，但涉世不深，容易被一些民主的词汇和表象所迷惑。

没有把握民主的真正含义，特别是没有把握社会主义民主和资本主义民主的本质区别，是产生认识误区的原因之一。民主一词源于古希腊语，本意是“人民统治”“主权在民”。民主的发展由来已久，在人类社会早期，原始部落就实行所有成员平等、民主决策的机制。作为一种理论提出来的民主，一般认为是古代雅典城邦的直接民主，迄今已有2500多年的历史。中国传统文化中其实也早就存在民主思想，如“民本思想”“民贵君轻”等，就包含承认人民权利的进步意义。新兴资产阶级及其思想家为现代民主理论和实践的形成作出过宝贵的贡献，他们在与封建特权阶层的斗争中提出了资产阶级民主理论，逐渐建立了资本主义民主政治，具有历史的进步性。但是，资产阶级建立的“民主”本质上受资本支配、为资产阶级服务，并不是真正的“由民作主”“为民作主”，存在“基因”缺陷。英国在1832年就通过了由资产阶级主导的选举改革方案，真实体现了资产阶级理解的“民主权利”，它严格限定选民的财产资格，当时只有约占英国人口7%的人才有选举权，穷人和妇女被排除在外。随着无产阶级运动的发展，经过长期斗争，普通民众名义上争得了“普选权”，但是受资本支配的本质没有变，只是从公开限制转到幕后操控。即使走到21世纪的今天，民主作为“少数人的游戏”“钱主游戏”“大财团控制游戏”在西方社会也是公开的秘密。列宁说:“资产阶级民主同中世纪制度比较起来，在历史上是一大进步，但它始终是而且在资本主义制度下不能不是狭隘的、残缺不全的、虚伪的、骗人的民主，对富人是天堂，对被剥削者、对穷人是陷阱和骗局。”社会主义民主克服了这些缺陷，广大劳动人民成为国家政治生活的主体，真正实现了当家作主。有些同学看不到社会主义民主和资本主义民主间的本质区别，所以容易被西方民主词汇和表面形式所迷惑，产生种种认知偏差和误解。

西方对民主理论和实践上的扭曲，是大学生产生认识误区不可忽视的原因。西方发达资本主义国家在发展过程中，为了维持和巩固资产阶级的统治，不仅形成了一套有利于自己的“民主理论”，而且打造了一套完整严密、便于操控的资产阶级民主制度机制，并试图把自己的民主模式推广到全世界。有些西方国家号称“山巅之城”“民主灯塔”，自诩自由政治的“卫士”，凭借自己掌握的世界舆论的话语权，垄断民主的解释权，宣称西式民主是民主的最高形式。他们借助广播、电视、报刊鼓吹西式民主的“优越性”，把它包装成放之四海而皆准的“普世价值”和包治百病的“灵丹妙药”，塑造西式民主的神话。此外还利用技术优势，借助先进的互联网技术，制造话题，粉饰西式民主；不断添加滤镜来美化西方国家，诱导青年沉迷于西式民主拜物教。他们一方面打着“普世价值”的旗号罔顾不同国家的国情，强行推销西式民主；另一方面故意抹黑、丑化、攻击社会主义民主，大肆污蔑社会主义国家“不民主”，企图混淆视听。这都影响了一些同学的认知和判断。

对我国的民主实践和成就缺乏全面深入的了解，是部分同学对社会主义民主产生片面性认识的重要原因。中国共产党从建党之初，就提出要建立一个“民主的中国”。为了实现这个美好理想，无数共产党人献出了宝贵生命。1949 年，我们建立了人民当家作主的新中国，人民真正成为国家、社会和自己命运的主人。党的十八大以来，我们党提出全过程人民民主重大理念并大力推进，民主建设取得了重大成就。近年来，公众参与决策的渠道不断拓宽，民主越来越充分地进入社会，服务于人民，融于决策全过程。人们可以通过各种形式多层次参政议政，参与法律、政策、决策的讨论并提出意见；公众评议、专家论证、风险评估、合法性审查、集体讨论决定已经成为各级党委和政府决策的法定程序。对于我国社会主义民主发展出现的问题，党和国家高度重视，采取许多措施不断加以改进，强调要坚决反对官僚主义、“官本位”和特权思想，大力发展党内民主，以党内民主促进人民民主，不断完善民主程序，扩大民主参与，健全民主监督，等等。目前，大多数同学的民主实践还仅限于班干部、学生会的选举等，参与社会实践的机会较少，因此看不到我国民主建设的巨大进步，看不到民主发展的复杂性、艰巨性、

2016 年，四川省泸州市叙永县第十三次党代会选举大会上，当地的少数民族代表投出庄严一票

长期性，一看到实践中出现与书本和个人认知不同的现象，就认为出了问题并由此产生怀疑，这显然是不客观、不科学的。

全面理性看待民主，积极主动参与民主

正因为民主问题的重要性及其所具有的复杂性，我们必须以科学的态度认真对待。我们要坚持以当代中国马克思主义的科学理论为指导，以实事求是的精神进行科学分析，准确把握不同民主的真实面目。

要拨开西式民主的种种迷雾。西式民主并不如它标榜的那样“完美”，其内核更多的是虚假。“一人一票”看上去很美好，但它实质上并未真正实现。时至今日，西方国家的选举也无法把广大人民的真正诉求表达出来，因为参选需要投入大量经费，也只有付得起费用才能成为“玩家”，结果就必然成为“有钱人的游戏”。比如，美国大选的初选，参选人基本是专业团队包装的候选人，包装操作主要通过砸钱来控制舆论，利用某些事件操纵民意，甚至利用大数据为候选人进行个性化营销，对民众进行指向性信息“投喂”，不知不觉中左右民众的投票意愿。这番操作下的当选者，上任后自然会投桃报李，服务背后的“钱主”，大多数普通选民成了选举时招之即来、选举后挥之即去的临时“群众演员”。2020 年美国总统大选总支出高达 140 亿美元，被称为“史上最烧钱的大选”。美国参议员自己都说：“有些人认为美国国会控制着华尔街，然而真相是华尔街控制着美国国会。”近年来西方国家选举的投票率越来越低，也是因为越来越多的民众逐渐看清了这套“把戏”。

西方一些人认为搞民主就要实行多党制，政党之间相互竞争才能

反映民意，选出代表民众的执政党及其领导人。但现实中，多党制成为利益分肥的工具，民众被分割为不同利益群体，各党派被各种利益集团绑架，没有哪个党派敢说自己代表全体人民的利益，在实际的政治运行中，各党派往往只考虑本党利益，忽视国家发展的长远规划和人民的长远利益。议会成了各党派权力角逐以及利益集团争夺资源和利益的舞台。“党争”愈演愈烈，说明利益冲突越来越对立；民众的诉求与利益集团特别是大财团的诉求相距越来越远，政客们更实际的选择当然是“钱主”。在美国，“我是共和党人”“我是民主党人”替代了“我是美国人”，两党痴迷于“否决”，陷入恶性循环，“民主灯塔”越来越黯淡。

“三权分立”也被西方一些人认为是民主的必备条件。“三权分立”的初衷是制约权力，但在现实中却越来越变味。立法、行政、司法机关之间的制约作用不是为了把事情办得更好、更加有利于人民，而是成为党派利益争夺、相互拿捏的工具，经常相互扯皮、掣肘，重大的事情很难达成政治共识。以美国的枪支管制为例，美国政府曾制定和修改各种枪支控制政策，2012 年桑迪·胡克小学枪击案发生后，奥巴马一口气签署了 23 条总统行政令，要求严格管控枪支。但是，由于利益集团的阻挠，这一引发公众怒火的事情迟迟无法得到公正对待，因得不到国会支持，总统的这些命令最后无疾而终。西式民主程序烦琐、分散冗长，利益当先、交换为主，议而不决、决而不行，越来越成为精英们手中的“游戏”。金钱政治、身份政治、社会撕裂、种族矛盾愈演愈烈，西式民主面临前所未有的危机。

深入了解中国式民主的优越性。民主不仅要看人民有没有投票权，更要看人民有没有广泛参与权；要看人民在选举过程中得到了什么口头许诺，更要看选举后兑现了多少承诺；要看制度和法律规定了什么样的政治程序和规则，更要看这些制度和法律是不是真正得到了执行；要看权力运行规则和程序是否民主，更要看权力是否真正受到人民监督和制约。我国的民主是全过程人民民主，就是要保障人民最广泛地参与，最真实地实现自己的权利，最有效地解决和满足人民的政治诉求，真正保障人民当家作主。

全过程人民民主保证全体人民当家作主。宪法规定，我国年满18周岁的公民，不分民族、种族、性别、财产状况等身份和社会背景，都有选举权和被选举权，享有对国家和社会事务的知情权、参与权、表达权、监督权。截至2023年，我国有五级人大代表277万多名，横向上，他们来自各地区、各民族、各方面、各阶层；纵向上，他们分属全国、省、市、县、乡各级人民代表大会，均由选举产生，体现了民主选举的全过程。政党、人大、政府、政协、人民团体、基层以及社会组织间的各种协商，拓宽了民主的参与渠道。在民主决策、民主管理、民主监督环节，人们还可以通过信访平台、领导信箱、政务热线、网络“留言板”等多种方式维护自己的利益，避免了投票过后无人过问的现象。“12345”政务服务便民热线提供“7×24小时”全天候人工服务，为老百姓提供咨询、投诉、求助等公共服务，确保“事事有回音、件件有落实”。2017年，《快递条例（草案）》向社会公开征求意见，

“12345”热线接线员正在接听市民来电

2018 年 1 月，快递小哥李朋璇因在网上留言而被邀请进中南海，为快递业发展建言献策。这都是群众参与的生动案例，体现了人民当家作主。

全过程人民民主是最广泛、最真实、最管用的民主，起始于人民意愿充分表达，落实于人民意愿有效实现。全过程人民民主注重民主协商，坚持有事多商量、遇事多商量、做事多商量，既能让人民充分表达意愿，又能让人民意愿形成有效共识并得以实现。人民在行使投票权的同时，在重大决策前和决策实施中进行充分协商；人民群众就社会重大问题以及事关自身利益的问题，通过提案、会议、座谈、听证、咨询、网络、民意调查等多种途径和方式，开展广泛协商，真正做到了从国家大政方针到百姓衣食住行，人民的期盼和诉求有地方说，说了还能够有效得到解决。从民主恳谈会、听证会到党代表、人大代表、政协委员联合进社区，从“小院议事厅”到“板凳民主”，

社区党支部书记在“一米阳光”议事厅里集中处理群众诉求

从“线下圆桌会”到“线上议事群”，都是接地气、聚人气、充满烟火气的民主协商形式，是中国独特的民主形式。中国是人口大国，社会复杂，利益诉求多样，要真正把 14 亿多人民的意愿表达好、实现好，就必须坚持民主和集中的辩证统一。民主集中制有助于防止出现群龙无首、一盘散沙的现象，能够克服相互掣肘、内耗严重的问题。正是因为有民主集中制，我们才能集中力量办大事，才能用几十年的时间达到了西方几百年的成就，才有了震惊世界的中国速度。

积极参加民主实践，在实践中认识和推进社会主义民主政治建设。社会主义民主是世界上最科学的民主，也是最适合中国国情的民主。近代以来，中国人民为探索建立民主制度作出过不懈努力，尝试过各种制度和做法，付出过极大的代价，最终是中国共产党找到了适合中国的正确道路，点亮了中国的民主之光。当年在陕甘宁边区，我们党就尝试用“豆选法”来实践民主，看似“土得掉渣”，实则打破了西方民主设定的身份和财产的限制，开启了新的民主模式。新中国的成立，实现了从专制政治向人民民主的伟大飞跃，中国民主发展进入新纪元，人民当家作主从梦想变为现实。在改革开放和社会主义现代化建设过程中，党领导人民坚定不移推进社会主义民主政治建设。党的十八大以来，我们党又提出了全过程人民民主的理念，中国的民主发展进入历史新时期。社会主义民主的探索和实践永无止境，每一代人都付出了艰辛的努力。我们的民主是老百姓的民主，需要每一个人的参与。青年学生是民族的未来、国家的栋梁，既要认识到民主政治建设是一个复杂的系统工程，有其艰巨性、长期性和复杂性，也要对中国民主的发展充满信心，积极参与到民主的实践中，为社会主义民主的创新和完善贡献自己的智慧和力量。

9. 如何认识“全人类共同价值”

——近年来，“全人类共同价值”理念得到了国际社会积极响应，也受到了大学生的广泛关注和高度赞同。同时，一些同学也进行了思考：如何准确把握这个理念的深刻内涵？如何认识全人类共同价值与“普世价值”的本质区别？如何认识全人类共同价值与社会主义核心价值观的关系？

2015 年 9 月，习近平在出席第 70 届联合国大会一般性辩论并发表重要讲话时指出:“和平、发展、公平、正义、民主、自由，是全人类的共同价值，也是联合国的崇高目标。”全人类共同价值理念得到国际社会的广泛认同，被多次写入联合国等重要国际组织文件。这一理念也受到广大青年大学生的高度关注，大家在学习这一重要理念时，也思考了一些问题。深入辨析这些问题，具有十分重要的意义。

理解全人类共同价值的认识问题

当代大学生自信自强，高度关注世界和中国的前途命运，迫切希望深入了解和认识全人类共同价值的丰富内涵、重大意义等，在积极思考中提出了一些理解认识上的问题。

有同学提出，全人类共同价值既然以“全人类”之名提出，必然是世界各国人民共同追求的价值，而世界上有 200 多个国家和地区、约 2500 多个民族，彼此有着不同的历史文化、社会制度、语言习俗、宗教信仰，为什么能够形成共同的价值追求？全人类共同价值起作用的基础是什么？

有同学问，全人类共同价值和西方的“普世价值”在内容上都讲了“自由”“民主”这些词汇，我们该如何看待这种“重合性”，全人类共同价值和“普世价值”的本质区别是什么？

有同学说，西方国家大肆宣扬“普世价值”，但遭到世界上很多国家的反对，有人批评西方在宣扬和推行“普世价值”上搞“双标”。“普世价值”为什么不受欢迎？

还有同学提出，我们倡导全人类共同价值，又倡导社会主义核心价值观，究竟该如何理解两者的关系？

上述这些问题，反映了青年大学生对于全人类共同价值的热忱关注，也显示出大家的积极思考，由此产生了一些疑问和困惑。清晰领会和把握全人类共同价值具有非常重要的意义，必须予以关注和重视。

全人类共同价值的认识问题何以产生

价值观是文化的核心和灵魂，对人们的思想和行为有重要影响。价值观之争往往成为文化软实力竞争的焦点，被视为思想之争、人心之争的关键。在全人类共同价值的理解上出现的认识问题，与价值观本身的特点、价值观领域长期存在的斗争，以及价值多元的社会现实都有着密不可分的关系。

价值观自身的特点和价值多元的社会现实，是认识理解上出现差异和问题的重要原因。古今中外，任何国家和社会，不管意识形态多么不同，在价值观领域往往都是一元主导、多元并存的局面，这是由“一种经济成分为主、多种经济成分共存”的经济基础决定的。比如，在资本主义社会，私人资本主义经济占主导地位，但在相当长时期中有封建地主经济与其并存。即使在当今资本主义发达国家，也同时存在小作坊、手工业者、自由职业者、个人土地所有者、公营性的“国有企业”等。在资本主义现代大工业基础上，还产生了无产阶级并长期存在。我国现阶段实行以公有制为主体、多种所有制经济共同发展的制度，在价值观领域就表现为以马克思主义为指导的价值观占主导地位，多种价值观并存。在当今世界，各国的经济形态、社会制度、文化发展水平千差万别，社会价值观更是多种多样。同时在经济全球化的时代，各国经济联系空前紧密，国际交往日益加深，各个民族和国家越来越成为整个世界不可分离的一部分，必然要求形成一种得到全人类共同认可、维护国际秩序必须普遍遵循的价值理念。这种情况下，世界范围内价值观的共同性和多样性的矛盾越来越突出，使得人们在对全人类共同价值的认识上，容易把共同性与多样性对立起来，觉得难以把握甚至产生误解和偏差。这也是大学生对此产生困惑和认识问题的客观原因。

大学生在全人类共同价值上产生认识问题的一个不可忽视的原因，是西方在价值观领域制造的种种混乱和干扰。长期以来，西方国家热衷于在世界上推销自己的价值观念，通过各种渠道进行价值观输出，甚至不惜打着“自由”“民主”“人权”“反恐”的口号，发动战争，颠覆他国政权，培植亲西方势力。西方敌对势力对迅速发展的社会主义中国更是变本加厉，通过互联网和各种途径大肆进行意识形态渗透，宣扬西方价值观和政治制度，企图通过没有硝烟的“价值观战争”争夺青年一代，从而颠覆中国共产党的领导、颠覆社会主义制度。有的青年被西方国家所宣扬的“自由”“民主”等美丽字眼所蛊惑，不自觉地用西方的价值标准来衡量评价价值观问题，从而对全人类共同价值理念产生错误理解。

青年大学生视野开阔、思想活跃，但价值判断力仍然有待加强，这是产生认识困惑的主观原因。这一代大学生成长在国家发展比较顺利的环境，学习掌握了不少书本上的理论知识，但大多没有经历过艰苦的社会实践的历练，没有参与过激烈的思想理论交锋。同学们尽管对许多大是大非问题保持着基本正确的认识，但碰到复杂尖锐的问题时就容易产生思想困惑和摇摆。比如，有的同学在理解各种价值理念时，只看到表面上的词汇相同，看不到本质上的区别；只看到一些国家在口头上说得多么漂亮，没看到实践中的“双标”及其造成的灾难性后果；只看到少数发达国家对这些价值理念的“推崇”，没看到大多数国家的厌恶和拒斥，从而不能全面、准确、客观地对各种价值理念进行评价。

不断夯实构建人类命运共同体的价值基础

第三届“一带一路”国际合作高峰论坛的会徽花坛

全人类共同价值为推动构建人类命运共同体提供了深厚的价值基础，当代中国青年要深刻认识全人类共同价值的重大意义，坚定价值自信，为弘扬全人类共同价值贡献智慧和力量。

要深刻认识全人类共同价值的重大意义。全人类共同价值的重要理念，体现了马克思主义关于人类社会发展思想的理论，植根于人类思想文化和中国传统历史文化土壤，适应了经济全球化的时代要求，具有重要的理论和实践意义。当今时代，生产力变革和社会交往的深化使世界日益联结成一个“地球村”，各国人民对美好生活的向往趋向一致，这使得倡导和实践全人类共同价值有了重要的现实基础。同时，各国面临着诸如经济复苏困难、恐怖主义频发、生态环境恶化等共同挑战，这使得以共同价值凝聚和指引共同行动成为迫切的现实需要。全人类共同价值是由习近平率先提出和倡导的，它与《联合国宪章》精神高度一致，与《联合国千年宣言》深度契合，体现了全人类的共识，这一价值理念高度概括和凝练了全世界各国人民最具普遍性的价值追求，画出了人类价值观领域最大“同心圆”。当代大学生要深入学习领会全人类共同价值的科学理论依据、深厚文化渊源、坚实实践基础，在多元文化和价值观纷争中始终坚定文化自信和价值观自信，坚持精神上的独立自主。要深刻把握全人类共同价值的重大意义和实践要求，以开放包容的胸襟积极弘扬践行全人类共同价值，尊重人类文明多样性，积极投身讲好中国故事、弘扬全人类共同价值的鲜活实践，助推文明交流互鉴，不断增强全人类共同价值的国际认同，在促进世界和平发展和人类文明进步中展现青春风采。

要深刻认识西方“普世价值”的本质。共同交往需要共同价值，但“普世价值”不是全人类的共同价值。“普世价值”虽然打着人类“普遍价值”的幌子，实际上只是反映了西方发达国家利益，塞进了许多资产阶级政治观、历史观、价值观的政治含义，如三权分立、多党制、西方宪政民主、西方新闻自由、公民社会、西方人权观等。这些政治概念，每一个都不是抽象概念，而是具有特定解释和政治内涵的。它们既不是西方社会历史形成的传统价值观念，也不是世界各国人民普遍认同的价值观念，而是为适应西方垄断资产阶级需要，由“新自由主义”加以改造、加以政治化的价值观。西方统治者对待这些概念，历来是“双重标准”，自己并不完全践行，只是作为对付对手、遏制第三世界国家特别是像中国这样的社会主义国家的价值观武器，是颠覆这些国家的思想工具。当代大学生思维活跃、头脑聪慧，更要以唯物史观为指导，善于洞察“普世价值”理论上的虚假性和实践上的虚伪性。要看到自诩“民主灯塔”“人权标兵”的西方国家，为打压中国高科技的发展，无端扣押中国公民孟晚舟 1000 多天；要看到美西方国家借“民主”之名在全球搞“颜色革命”，给许多国家带来战火和动荡。在价值观问题上，我们绝不能迷信、盲从、跟风，要始终保持冷静和清晰的头脑。

要将弘扬全人类共同价值与践行社会主义核心价值观统一起来。人类的价值观是在历史发展过程中形成的，与特定的社会制度、文化传统、宗教观念相联系，因而不同国家和文化的价值观有着自己的特殊性。全人类共同价值作为世界各国人民共同遵循的基本价值理念，包含当今时代人类价值理念优秀成果，是从各国各民族价值观中提炼

湖北宜昌菊花展的“社会主义核心价值观”展区

出来具有共识性的价值，与各国各民族价值观是普遍性与特殊性的关系。全人类共同价值非但不会“一刀切”地取消各民族自身的文化和价值观特色，反而以全世界各国各民族价值观为基础，在求同存异理念指引下，尊重不同国家人民对价值实现路径的多元探索，更加丰富各国各民族价值观的理论和实践。当代中国青年大学生尤其需要搞清楚全人类共同价值与我国社会主义核心价值观的关系，一方面要看到全人类共同价值作为当今世界各国人民的价值共识，体现着全人类共同向往的价值目标、普遍遵守的价值准则；另一方面要深刻认识到社会主义核心价值观包含着全人类共同价值基本要素，但从根本上说它是立足于中国大地、符合中国历史文化传统和现实国情、反映时代特征和人民意愿的社会主义价值追求。我们既要以社会主义核心价值观为引领，努力推动当代中国发展进步，又要积极维护人类文化和价值观的多样性，把全人类共同价值体现到维护世界和平、促进共同发展的实践中去，在弘扬全人类共同价值与践行社会主义核心价值观的道路上坚定前行。

10. 怎样看待当前的中美关系

——中美关系是当今世界最重要的大国关系之一，大学生很关注这个问题。有些同学问：中美关系为什么会发展成现在这样？应该怎样正确看待中美关系？中美关系未来将会如何发展？

中国和美国都是当今世界具有重要影响力的国家，中美关系不仅影响着两国的安全和利益，也牵动着整个世界的和平与发展。同学们普遍关注这一问题，也有一些不同的认识和困惑，对此需要加以探讨和回答。

在中美关系问题上的模糊认识

随着中国的快速发展，美国对中国发展的遏制打压愈演愈烈，中美关系的话题不断升温，社会上众说纷纭，一些大学生对此莫衷一是，产生不少认识上的困惑。

有些同学认为，中美之间的冲突是不可调和的，如果冲突来了那就坚决斗到底，无非是两败俱伤，没有必要妥协，谁也不怕谁。

有的同学问，中国斗得过美国吗？美国作为当今世界唯一的超级大国，是资本主义世界的“领头羊”，在世界各地有着广泛的政治、经济和军事影响力。中国会不会像历史上其他国家一样，很快败下阵来？

有些同学看法乐观，认为中国这些年发展很快，虽然现在还不如美国，但很快就会取代美国成为世界上最强大的国家。美国已经“日薄西山”，即将失去世界霸主地位，中国的实力足以挑战美国。

也有些同学一厢情愿地认为，美国不会长期打压中国，只要中国不高调、放低身段，中美就不会发生冲突。

还有同学说，中国结束韬光养晦太早了，外交强硬对中国不利，“当世界老二就很好了，何必要当第一”。

上述这些看法，说明一些同学对中美关系确实存在模糊认识，不仅对中美冲突的实质缺乏了解，而且对这种冲突的历史根源、现实意义、总的趋势都缺乏深入分析，因而没有作出正确判断。中美关系意义重大，中美冲突也将影响巨大，会影响到未来的世界、未来的中国和未来每个人的生活，需要认真剖析。

在中美关系上产生模糊认识的原因

中美关系的复杂性，给准确认识这个关系增加了难度。中美关系是最重要的大国关系，也是最复杂的大国关系。在中美关系中，交织着多重维度的因素和缘由：中国是世界上最大的发展中国家，美国是世界上最大的发达国家；中国是最大的社会主义国家，美国是最大的资本主义国家；中国是具有悠久历史和文化传统的东方国家，美国是历史不长和各种文化“大熔炉”的西方国家；中美有着长期斗争对立的历史，同时又有着长期友好合作的历史，等等。从现实来看，中国和美国谁也离不开谁，有着多方面的合作和往来。在经济上是你中有我、我中有你的关系，在一些国际问题上也有共同的利益，在应对全人类问题上有着共同的关切，在决定人类前途命运上有着共同的责任。但也不可否认，美国和中国也很难成为真朋友，美国统治阶层不可能放弃对中国打压、遏制、围堵的政策。这是由中美两个国家分别代表了发展中国家和发达国家不同的利益群体，两国具有不同的政治体制、意识形态、文化传统、价值观和发展模式决定的。这种差异性导致双方在许多重大国际问题乃至国内问题上必然存在严重分歧。近年来，随着中国的发展，特别是国内生产总值（GDP）达到美国的70%以后，美国陷入无端的“霸权焦虑”，刻意制造中美紧张关系，对中国的打压和遏制达到歇斯底里的程度，既不利于中国，也不利于美国，同时也不利于世界。正是中美关系的这种复杂性，导致社会上各种说法扑朔迷离，一些同学对此产生困惑也就不奇怪了。

中美从自身利益出发，努力使两国关系维持在“可控”范围内的举措，增加了准确判断这种关系下一步走向的难度。中国和美国谁也离不开谁的现实，决定了两国无论怎么“斗”也是谁都不想“破”的局面。当今世界正处于百年未有之大变局，国际形势加速演进，令人眼花缭乱，各种新旧因素、力量、矛盾相互叠加碰撞，大国关系、国际秩序、地区安全、社会思潮、全球治理深刻重塑，国际局势不稳定性不确定性日益突出，这都加剧了国际力量的分化重组，实际上限制了美国的传统控制力。美国统治阶层再怎么想要“斗倒”中国，也无法集中自身和盟友的力量。正所谓“形势比人强”，在心有余而力不足的情况下，妥协和斗争交织进行就成为必然现象。这些现象在大学生们眼中就是：一方面美国坚持冷战思维与零和博弈，导致中美关系持续紧张；另一方面美国出于现实利益需要又不断寻求与中国合作，放出改善两国关系的信号。这就导致在社会上和一些学者中产生了五花八门的看法，这种状况同样反映在大学生群体中。

应该说，一些同学在视野和方法上的局限性，也是产生模糊认识的原因。把握复杂多变的中美关系，需要有广阔的视野和专业的知识。多数大学生并不具备丰富的国际政治和国际关系专业知识，尤其是对习近平外交思想理解不深刻，缺乏马克思主义方法论素养，对中美关系的了解多来自网络上的碎片化信息，因而对美国国情和我国外交事务缺乏深入的了解，对国际上一些重大事件的背景缺乏全面认知，加上人生阅历和知识积累都还不充足，不善于从长期的历史发展过程分析中美关系，很容易被一些片面和偏激的言论带节奏，难免产生一些误解和困惑。

正确看待和处理中美关系

中美关系是当今世界上最重要的双边关系之一，不仅关系中美两国人民的切身利益，也关系世界各国人民的利益，更关系人类和平与发展事业，正确看待和处理双边关系是我们的必然选择。新中国成立后，国际局势不断变化，中美关系也在对抗与合作中不断变化。随着中国特色社会主义进入新时代，我国综合实力和国际影响力不断提高，美国一些人对我国的心态发生了极大变化，那种唯我独尊的霸权主义、帝国主义、殖民主义故态复萌。中国需要的是相互尊重、友好合作，而绝不是仰人鼻息、一味妥协来求得所谓一时“安宁”。只有尊重我国主权、安全和发展利益，实现不冲突不对抗、相互尊重、合作共赢，才是保持两国正常关系的基本前提。习近平指出，宽广的太平洋两岸有足够空间容纳中美两个大国和其他国家，希望双方坚持从战略高度和长远角度把握两国关系，以积极态度和发展眼光推进对话合作，以相互尊重、求同存异精神妥善处理分歧矛盾，共建平等互信、包容互鉴、合作共赢的新型大国关系。

必须明确，在维护我国主权、安全和发展利益的重大问题上，我们对美国不能抱有幻想，必须坚决斗争。美国捏造事实，利用所谓民主、人权在涉港、涉疆、涉藏等问题上对我国进行妖魔化，企图在我国内部制造不稳定因素，在国际舆论上孤立和打压我国，在多边机构上阻碍和排斥我国；不断推出贸易战、科技战，大搞“脱钩断链”，

2021 年，中美高层战略对话在美国安克雷奇举行

并利用经贸、汇率、金融等对我国施压，以所谓的“国际规则”无端攻击我国，以图阻断我国的经济发展进程，削弱我国的经济实力和国际影响力；利用自身的全球影响力，拉拢盟友和追随者，秉持着“不在餐桌上就在菜单上”的冷战思维，打造“小院高墙”，构建反华联盟，企图孤立和包围中国；利用价值观、政治观、人权观、新闻观等问题，发动意识形态攻势，企图瓦解我国内部思想共识，制造诋毁中国社会制度的国际舆论氛围；利用强大的军事实力，在中国周边地区建立战略包围圈，企图阻挠和破坏我国统一大业，严重威胁我国主权和安全。看待美国可以抱有善意，但绝不能抱有幻想。要坚信，我们生于斯、长于斯的中国是一个生机勃勃、日益强大的国家，一个有着 5000 多年灿烂文明和战略智慧的国家，一个独立自主、拥有完整主权和强大国防的国家，只要我们全国各族人民紧密团结在党中央周围，万众一心、众志成城，坚持斗争、敢于斗争、善于斗争，那么

任何力量都不可能压倒中国、搞乱中国！

要正确把握中美关系的发展走向。中美关系发展的意义已经超出了两国关系的范围，关乎全人类的福祉和未来，受到世界各国人民的广泛关注。中美两国的关系可以是合作共赢。只要两国能够相互尊重、相互支持，能够在和平共处五项原则的基础上开展广泛而深入的合作，能够在国际事务和全球性问题上加强沟通和协调，能够为维护世界和平与发展作出积极贡献，两国关系完全可以发展到较高水平，造福两国人民。中美两国的关系也可以是竞争共存。即使两国竞争，如果能够管控好分歧和矛盾，能够在竞争中寻求合作，在合作中管理竞争，在各自核心利益上保持克制，在共同关切上寻求共识，在对抗风险上增加透明，两国也可以在竞争中保持相对稳定的关系。中美两国的关系还可能走向对抗冲突。如果两国之争陷入恶性循环，在各个领域展开全面而激烈的对抗，在各个地区引发频繁而危险的冲突，在各个层面造成严重而不可逆转的损害，那么两国迟早将会走向全面对抗。这将是一场悲剧，是两国人民都不愿意看到的，也是世界各国人民不愿意看到的。我们寻求稳定与改善中美关系，既管控两国之间出现的对抗和冲突，又力求在更加广泛的领域加强和拓展双方之间的合作。这并不是因为谁有求于谁，而是从对中美两国人民负责、对世界负责、对历史负责的大格局、大胸怀、大气度出发作出的选择。为中美两国人民、世界各国人民和全人类的福祉计，我们应当力争使中美关系形成第一种局面，维持第二种局面，坚决反对和避免出现第三种局面。

中美关系的希望在人民，基础在民间，未来在青年。中美关系的根基是由人民浇筑的，中美关系的大门是由人民打开的，中美关系的

2023 年，在美华人热烈欢迎习近平主席出访美国
并出席在加州旧金山举行的 APEC 峰会

故事是由人民书写的，中美关系的未来也将由人民创造。不论形势如何变化，中美和平共处的历史逻辑不会变，两国人民交流合作的根本愿望不会变，世界人民对中美关系稳定发展的普遍期待不会变。当美国政府和美国人民终于意识到，跟中国进行协调与合作，能远比跟中国进行“恶斗”给美国带来更多利益的时候，就是中美关系有望根本性好转的时候。但是，要实现这个目标，还有很长的路要走，还会有许多曲折和变数。在这个过程中，中美两国一定会反复交手、激烈博弈。中国只有保持战略定力，做好自己的事情，用不断增长的综合国力遏制美国国内各种极端反华冲动，并用更广阔的心胸和格局，让美国看到跟中国搞好关系符合美国自身的利益，才能确保中美关系最终走到“相互尊重、和平共处、合作共赢”的彼岸。新时代青年是中华民族伟大复兴的栋梁，也是推动中美关系健康发展的重要力量，要坚信党中央的战略部署，坚信党和国家一定会处理好中美关系，当下要学好知识本领，增强斗争精神，为推动构建人类命运共同体、建设更加美好的世界贡献智慧和力量。当代青年大学生一定要有这种清醒、这种智慧、这种定力。

11. 思政课到底有什么用

——大学为什么要上思政课，学习思政课有什么用？有人说思政教育干预了思想自由，是“洗脑”，这种说法对吗？我们应当如何正确看待思政课？

同学们对思政课并不陌生，从小学、中学到大学，思政课一路伴随我们成长。通过这门课程，大家掌握了正确的世界观方法论，认识了我们的国家，了解了党和国家的政策，知道了世界上的许多事情，懂得了做人做事、成长成才的道理。但社会上也有一些对思政课的不同声音，造成了部分同学的困惑。如何认识这门重要课程，值得我们深入探讨。

对思政课的种种困惑

思政课是大学阶段的公共必修课，是立德树人的“关键课程”，也是帮助大学生掌握认识和解决问题科学方法的“智慧课程”，是树立正确世界观、人生观、价值观的“灵魂课程”。许多已走上工作岗位的同学认为，大学曾经学习的思政课是“终身受益的课程”，把思政课堂称为“思想的殿堂”。同时，也有同学对思政课还存在一些模糊认识甚至误解，需要加以澄清。

有同学说，上大学是为了掌握谋生的专业知识和专业技能，学好专业课才是求职就业的“硬道理”，而思政课看起来没有实际用处，即使有用也一时半会儿用不上，花时间学习太浪费、不划算。

有同学提到，听人说思政课是“水课”，只要死记硬背就行，平时不用花太多精力，考试前突击一下就能过关甚至得高分。因此，一些同学平时不认真学，考试前临时抱佛脚，囫囵吞枣硬背一通，结果什么也没有学到。

有同学提出，听人说，大学要追求独立精神、思想自由，思政课是政治灌输，会不会妨碍思想自由？

也有同学说，西方国家的大学好像不开思政课，我们的大学为什么开思政课，并且把它作为一门必修课？

还有同学说，现在上思政课都是讲“大道理”，感觉是一种“填鸭式”的教学，课堂不能吸引我。到底要不要认真学呢？

以上种种困惑，反映了部分同学对思政课还缺乏全面正确的认识和理解，也反映了我们的思政课确实还存在一些需要改进之处。只有师生共同努力、教学相长，才能把思政课建设好。因此，搞清楚上述问题，解答同学们的困惑，对于促进思政课建设非常有意义。

思政课缘何被误读

正确认识思政课是学好思政课的前提，澄清对思政课的种种误解，就要深入查找和分析这些误解产生的原因。

对思政课的重要作用缺乏全面准确的认识，是种种误解和困惑产生的思想原因。古今中外，关于教育和办学，思想流派繁多，理论观点各异，开展思想政治教育的方式途径、课程名称也各不相同，但在教育必须培养社会发展所需要的人这一点上是一致的。中国古代强调“化民成俗，其必由学”“建国君民，教学为先”，西方现代国家开设“公民”“社会”“宪法”等课程，实质上都是按照自己的政治要求来培养人。同时，这些政治要求对受培养者也很重要，只有达到这些政治要求，才能使培养对象在社会上顺利地生存和发展。那种认为思政课只有中国才开、对个人没有什么用的观点，既不符合历史，也不符合现实。想想看，如果一个国家教育培养的人才不是自己国家制度的认同者、建设者和接班人，这样的国家和制度还能够继续存在和发展吗？青少年时期是人生成长的关键时期，这个阶段打下的底色，对一生的发展影响很大。大学阶段能否树立正确的世界观、人生观、价值观，对走好一生的道路极为重要。这就如同种下的树苗，如果扎根不正、方向走偏，就很可能长成一棵“歪脖子树”，难以成为栋梁之材。我们说思政课是一门关键的课程，这个“关键”就在于它关乎我们党和国家事业能否后继有人的根本大计，也是关乎我们每一个青年能否走好漫漫人生路的根本问题。

社会上对思政课的一些错误思想和言论，是一些误解和困惑产生的社会原因。长期以来，社会上曾经流行的“去意识形态化”“思政教育无用论”“价值中立论”等错误言论，对同学们正确认识思政课产生了不良影响。一些西方国家把我国青少年作为意识形态渗透的重点人群，诋毁、抹黑思政课是其手段之一。大家可以看到，近年来但凡思政课领域出现什么风吹草动，总有一些人出来推波助澜、有意曲解、恶意放大。思政课“洗脑论”“精神控制论”“危害思想自由论”就是他们经常鼓吹的错误言论，目的是诱导青少年拒斥我国社会主流价值观，为其反对中国共产党领导、反对社会主义制度，诋毁和攻击爱国主义、集体主义、社会主义作铺垫、造舆论。对这些思想如果分辨不清、“随风起舞”，就势必会陷入困惑，产生错误认识。

思政课教学还存在一些不足，这也是导致同学们在认识上存在误区和困惑的不可忽视的原因。近年来，党和国家高度重视思政课建设，习近平多次主持召开加强学校思想政治教育的会议，广大思政课教师也大力开展教学改革创新，思政课教学的水平和质量逐年提高，同学们的课堂获得感也不断增强。但应当承认，思政课作为一门以立德树人为根本任务的课程，一门在头脑中搞建设、在精神领域筑长城的课

2023 年，北京工业大学“运河上的大思政课”开讲，
同学们参观前沿科技展厅，一名同学戴上 VR 眼镜进行相关体验

程，改革创新的难度比一般专业课难度更大，同学们对这门课的期待又往往更高，这种高难度与高要求的对比，进一步增加了快速提高思政课教学水平的难度，也给加强和改进思政课建设提出了新的更高的要求。

应当如何学好思政课

思政课的本质就是讲道理，通过讲清科学的道理，帮助大家认识真理、明辨是非。思政课讲授的马克思主义理论，是经过实践检验的科学真理，也是我们认识世界、认识社会的科学方法和思想武器。学习思政课，最根本的就是学会马克思主义的思想方法和认识方法，让自己变得耳聪目明、心明眼亮，避免被错误、虚假的东西欺骗和蒙蔽。我国著名人口学家、中国人民大学荣誉一级教授邬沧萍在回忆自己的成长经历时说：“我在教学和研究之外，把大部分时间用来听政治课、学习马克思列宁主义哲学著作，这让我受益终身。”他还说，掌握了马克思主义基本原理和哲学基础，就像既获得了一个望远镜，又获得了一个显微镜。望远镜让人登高望远，穿过遮眼浮云看到历史发展大势；显微镜让人见微知著，透过现象把握事物的本质。从郘老的人生经验中可以看到，思政课对于提高人们的思维水平、掌握分析方法有巨大作用，是让人明确目标的“方向盘”和明辨是非的“照妖镜”。“学好思政课终身受益”绝不是一句空话，我们的人生离不开正确的思想理论来引领。

思政课含金量很高，绝不是所谓“水课”，随便对待这门课最终只会“水”了人生。思政课教我们认识国家和世界、认识人生和社会的科学理论和方法，这些理论和方法是无法在人的头脑中自发产生和形成的，需要通过系统的学习才能掌握。从这一点来说，确实存在从外部输入给学生的“灌输”性。但这种“灌输”不是让学生死记硬背，认为随便应付、背诵一些词句，简单掌握一些概念就能学好思政课的观点是完全错误的。思政课的各门课程凝结了人类智慧长期积累的精华，不是轻易就能学懂弄通的，真正学好思政课要着重于理解和掌握，这就需要付出大量心血、作出艰辛的努力。参加过辛亥革命的老同盟会员刘仙洲，新中国成立后曾担

中国科技馆举办“科技馆里的思政课”活动，航天英雄杨利伟到场讲解

任清华大学副校长，他说：“我在旧社会摸索了几十年，想的是‘科学救国’、‘教育救国’，总是走不通。到我老了，才找到了共产党，才懂得一些马克思主义，才有了自己的归宿。”刘仙洲的经历告诉我们，一个人思想的成长和转变离不开科学理论的启迪和引领，而掌握科学理论也不是一件容易的事情，需要反复的探索、实践的检验和深刻的思考。

思政课是重要的理论课，同时也是学以致用的实践课。我们要认真学好每一门思政课的基本理论，认真研读马克思主义的经典著作，不断提高自己的理论素养，关心党和国家的大政方针。思政课的内容来自实践，也要走向实践，要带着在思政课上学到的理论知识和科学方法走出校园，走向工厂农村，走向社会实践的大舞台，倾听风声雨声民心声，体察家事国事天下事，在理论的升华和实践的历练中养真情、长真知、成好钢！

12. 为什么必须坚定科学信仰

——为什么青年一代要有信仰，没有信仰不可以吗？一些人说不清自己的信仰，不是也照样生活吗？我们各信各的，不要共同信仰行不行？应该如何坚定科学信仰呢？

信仰是青年永恒的话题，每一代青年都要经历探寻信仰、确定信仰、坚定信仰的过程。确立科学信仰、拥有自己毕生的信仰并不是容易的事，因此，大学生讨论信仰并由此产生各种认识问题乃至某些困惑都是很正常的。

那些关于信仰的困惑

2021 年，《觉醒年代》剧组在北京大学举行专场活动

近些年，《觉醒年代》《马克思靠谱》等讲信仰的作品在大学生群体中爆火；现实中，在一些关键时刻，总有大学生挺身而出，表现了慷慨赴义的精神。这些现象说明，新时代大学生是追求崇高信仰、有着坚定信念的一代。同时也要看到，部分大学生也存在这样那样的认识问题，有的甚至对自己的信仰很迷茫，不知道人生的方向是什么。

有的同学说，我不清楚自己到底信仰什么。我热爱我的祖国，愿意为祖国付出一切，这算不算有信仰？每逢考试我就要拜“神”，这算不算是一种信仰？我相信付出就有收获，算不算有信仰？

有的同学说，信仰又不是空气和水，没有信仰照样活，有信仰又有什么用呢？也有同学认为，信仰虚无缥缈，看不见摸不着，理想很丰满，现实很骨感，面对现实难题谈信仰和理想很可笑。

有的同学承认要有信仰，但信仰什么无所谓，只要管用就可以信仰，宗教神学、星座塔罗、直播算命、求神拜佛都一样。还有的同学说，我没有什么崇高信仰，我的信仰就是搞钱，我想让自己过得舒服点，这有错吗？

有的同学提出，马克思主义是科学知识，如果把马克思主义当作一种信仰，是不是就跟宗教没有区别了？究竟应该如何理解和把握“科学信仰”呢？

上述困惑与不解，反映了有些同学既积极思考追问信仰的本质以及科学信仰对人生的价值和意义，又对其缺乏正确认识与把握。人生在世，有追求就有信仰。没有科学信仰的漫漫人生路是乏味的，也很可能是紊乱的、曲折的，很难走好，也很难有前途。因此，对青年大学生来说，确立科学的人生信仰问题绝不是小问题，必须认真对待、科学辨析、审慎选择，坚持以科学理论为指引夯实信仰之基。

信仰困惑背后的原因是什么

大学生信仰困惑背后的原因是多样的，需要从历史与现实、主观与客观、个人与社会等多个角度来分析和思考。

选择信仰本身的复杂性，使得一些同学很难轻易把握好这个问题。自人类智慧开启，就有了信仰。考古发现，远古人类就有对逝者的重视、对灵魂的尊重、对探索未知的渴望，“万物有灵”观念的产生和对某种图腾的崇拜，可以说是信仰之端。后来出现的神话、传说也寄托了早期人类对自身发展的期许和信念。我们今天讲的信仰就是从这些原始的崇拜、期许、信念发展而来的。关于信仰的定义，古往今来数不胜数，不同的社会和文化背景对信仰的认识存在广泛差异，不同时代、国家的人会有不同的信仰，形成不同信仰的教派、流派，这种现象直到今天依旧存在。可以说，信仰涉及范围广、历史脉络长，种类繁多、鱼龙混杂，如果不能从唯物主义历史观来看待信仰问题，而是将其神秘化、实用化，或者反过来持一种虚无主义的态度看待它，就会使自己对信仰的认识浮于表面，也就容易产生种种问题和困惑。

对信仰产生问题和困惑也有社会现实的原因。经济的快速发展和生活急剧变化，使社会上出现了浮躁的情绪，一边是物质欲望的膨胀泛滥，一边是竞争挑战的“压力山大”，急功近利的心态逐渐蔓延，部分同学深受影响，理想与现实的矛盾带来彷徨和失落；而享乐主义、利己主义、实用主义的蔓延更加剧了一些同学思想上的迷失。有些同学或是找不到人生寄托陷入精神苦恼，或是追求奢靡生活陷入拜物教，或是抱着趋吉避祸的实用心态寄托于宗教，产生了价值观念的紊乱和科学信仰的动摇。

成长中的烦恼也是大学生容易产生信仰困惑的原因。大学生是社会中最具活力的群体，大学阶段是世界观、人生观、价值观走向成熟的关键时期。在这一阶段，同学们面临着很大的学习、就业压力，也面临着人生信仰的定位和选择。同时，许多大学生对社会敏感度很高但阅历和经验不足，当面对形形色色的社会思潮冲击时，有时就难以作出理性和正确的判断。此外，大学生群体是同代人中的佼佼者，一方面有着强烈的社会正义感、自我权利意识和参与意识，另一方面有些同学又急于求成、容易冲动，看待问题有时存在片面化、绝对化倾向，一旦理想在现实中遇到挫折，就容易悲观失望，产生信仰困惑甚至动摇。

树立科学信仰，汲取精神力量

科学信仰是人的精神世界的深层核心，是我们迎接人生挑战、追求卓越人生的强大精神支柱和精神动力。心有所信，方能行远。信仰如果丢失，人生就会迷失；信仰如果错误，就会走上歧路。面对精神焦虑和价值困顿，我们需要从科学信仰中汲取力量。

科学信仰对大学生成长成才具有重要意义。大学生活是迈向社会的起步阶段，明确和拥有自己的科学信仰决定了一生的道路。信仰是“指南针”，为同学们指明奋斗方向，对于青年来说，信仰是精神之“钙”，有了这个“钙”，人才能站得稳、方向明，在人生的重大抉择前保持清醒，在成长发展的道路上守住初心，在经历疲惫坎坷后依然灵魂充盈，在任何现实考验面前不误入歧途；信仰是“内燃机”，有了信仰，就会热情高涨、意志坚强，以一种坚定的精神、执着的态度和强大的动力实现人生的目标；信仰是“千斤顶”，有了信仰，就能经受泰山压顶、无惧暴雨狂风，始终保持战胜困难的强大精神力量。扎根深山办学的张桂梅坚信“只要有党员在，就没有办不成的事”，尽管办学条件艰苦，她又身患多种疾病，但她始终拥有着战胜困难的无限动力，坚守阵地立志让大山女孩有书读，带着大山

张桂梅

女孩们“逆天改命”。

要深刻认识马克思主义信仰的科学性。马克思主义是科学性和信仰坚定性辩证统一的理论，科学性是信仰坚定性的理论基础，信仰坚定性是信仰科学性的情感内化。马克思主义正确解决了科学认识与理想追求的关系，把信仰奠定在对客观规律科学把握的基础上，占据了真理和道义的制高点。对一个马克思主义者来说，信仰是否坚定，取决于他对马克思主义科学性的认识是否深入，越是深入地理解马克思主义的科学性，个人信仰就越是坚定。因此，同学们要认真学习马克思主义，理论上越彻底，信仰就越坚定。

要明辨科学信仰与宗教信仰的根本区别。马克思主义信仰是科学的信仰，宗教信仰是非科学的信仰。相比宗教的“心诚则灵”式精神安慰，马克思主义科学信仰的力量是建立在对客观规律把握基础上的自觉和自信。马克思主义信仰强调改造世界，是具有强烈现实追求的实践力量。宗教信仰虽然主张修身养性、行善积德，具有一定教化人心的作用，但并不能正确揭示现实之恶、社会之弊产生的根源，也不可能实际地改变这些“恶”与“弊”。“恶”与“弊”，只有通过实际斗争才能消除；而“善”与“良”，也只有通过扎实的努力才能弘扬。建立一个公平正义、人人平等、共同富裕的社会，只有通过变革社会的实践才能实现。

马克思主义自诞生以来，拥有数以亿计的青年追随者，他们在中国和世界创造了惊天动地的伟大成就，始终激扬着为国家、为民族、为全人类奋斗终身的崇高情怀。同学们作为国家和民族的希望，要坚定马克思主义信仰，掌握马克思主义的看家本领，积极投身新时代中国特色社会主义伟大实践，在实践中感悟科学信仰的磅礴力量。

13. 爱党、爱国、爱社会主义为什么是一致的

——爱国这一点我完全认同，但是爱国为什么一定要爱党、爱社会主义呢？在今天这个经济全球化时代讲爱国主义还有必要吗？还有，如何把爱国主义同狭隘民族主义区分开来？

生而为中国人，我们每个人都为自己是华夏儿女、炎黄子孙而骄傲，都为生活在这个伟大国家、伟大时代而自豪。同学们感动于“清澈的爱，只为中国”的爱国情，在网络上抒发着“此生无悔入华夏，来世还做中国人”的由衷感悟。但是同时，我们看到也有同学对今天为何爱国、如何爱国有一些疑惑。

关于爱国的一些困惑

爱国是再朴素不过的情感，也是再自然不过的认同，更是再基本不过的责任。说起爱国，人人都懂、人人都认、人人都信，似乎不必多说，但近些年也出现了一些不和谐的议论。爱国不是抽象的，要具体来讲，这必然要讲到爱国与爱党、爱社会主义的关系。这其中的道理很重要，需要理清说明。

有的同学表示，我生在中国，国家养育了我，我对祖国有一份天然的情感，有一种纯粹的爱，我热爱祖国母亲，但是爱国就一定要爱社会主义吗？而且，我目前还没有加入中国共产党，爱国为什么要爱党呢？

有同学说，如果我毕业却不能顺利就业，想成家又买不起房，国家能给我提供什么帮助呢？爱国不能只付出，也要得到，这想法不对吗？再说我只是一个普通人，只想过自己的小日子，爱不爱国离我有些远。

有的同学认为，今天是经济全球化的时代，人员交流更加频繁，世界日益变成了一个“地球村”，大家都是“世界公民”了，再大谈爱国主义似乎有点“过时”，开展爱国主义教育是不是不必要了？

有的同学觉得，讲爱国主义，就要坚决支持国货、抵制洋货；就要反对外资涌入我国赚钱的领域，不能让外国人占我们便宜；就要先把自己的日子过好，不需要履行那么多的国际义务。

上面这些观点在当下一些青年学生中是有一定市场的，反映了一些同学对爱国主义存在模糊和错误认识。爱国主义对今天的中国至关重要，坚持爱国与爱党、爱社会主义相统一也至关重要。这个问题不是小问题，而是一个大是大非的问题，不仅关系到大学生的世界观、人生观、价值观，而且关系到政治观、历史观、社会观，关系到今后成为一个什么样的人，是对国家、民族和社会有益的人，还是无用的人，甚至是危害国家、民族和社会的人。

围绕爱国主义的困惑为什么会产生

回望历史，审视时局，无论时代怎样变化，爱国主义始终是中华民族作为一个伟大民族历尽磨难而不灭、千难万险仍直前的根本力量源泉，是每一个中国人的道德底线。那么，为什么这样重大的问题，仍然有人抱有困惑和怀疑呢？这是与时代发展带来的社会新变化和国际国内大环境密切相关的。

经济全球化对爱国主义的挑战和影响，是造成困惑的客观原因。经济全球化是时代潮流，是社会生产力发展的客观要求和科技进步的必然结果。经济全球化是把“双刃剑”，一方面强化了各国之间的经济社会联系，冲击和淡化着人们对自己国家专一的爱国感情，冲击着人们的国家认同；另一方面又加剧了国家、民族之间的竞争，使得国家之间发展更加不平衡，强化了人们对国家利益的关切，导致狭隘民族主义思潮开始在一些国家蔓延。在相当长的一段历史时期内，资本主义发达国家主导的经济全球化，特别是对发展中国家的剥削和掠夺政策，加剧了经济全球化过程中的激烈矛盾、冲突和斗争。正是由于这些复杂的原因，经济全球化对爱国主义具有多方面的挑战和影响，这对青年大学生的影响也是多方面的。

对今日之中国与昨日之中国了解不够深入，是造成困惑的又一原因。爱国主义是需要传承的，不熟悉过去的中国就很难准确认识今天的中国。今天中国人的爱国主义，深深地植根于中华民族5000多年的历史文化之中，植根于近代以来中国人民的艰辛探索之中，植根于党领导人民进行的百年奋斗之中，植根于社会主义给中华民族所带来的翻天覆地的变化之中。关于这一历史过程的书面知识大多数同学是学过的，也是熟知的，但毕竟没有亲身经历过，也缺少具象的实际感悟和体会。同时，也有一些同学尽管学过中国近现代史，但学得不认

人民英雄纪念碑浮雕之五四爱国运动

真，对于今日之中国之所以成为今日之中国了解不够全面，特别是对于背后的原因理解不够深刻，看不到今天的中国从何而来，也不知道未来应该向何处去。对这些基本问题缺乏认识，必然会对爱党、爱国、爱社会主义相统一产生疑问和困惑。

社会上一些错误思潮渗透校园，不可避免会影响一些学生。社会上的思想影响多种多样，正面积极影响有之，负面消极影响也有之。特别是随着中国的快速发展，国际上的意识形态斗争也会渗透到国内。一些错误思潮从来没放弃表现自己的机会，一些人玩弄偷换概念的把戏，把爱国主义等同于民族主义，又把民族主义等同于狭隘民族主义和极端民族主义，导致爱国主义被“污名化”。也有一些人倡导所谓的“普世价值”，认为随着世界各国联系的增强，国家边界将逐渐失去意义，大家都是“世界公民”，爱党、爱国、爱社会主义统一起来就没有意义。这些思想对部分大学生产生了非常有害的影响。

坚定爱国志，厚植报国情

对每一个中国人来说，爱国是本分，也是职责，是心之所系、情之所归。习近平回顾自己少年时代时曾说过：“我从小就看我妈妈给我买的小人书《岳飞传》，有十几本，其中一本就是讲‘岳母刺字’，精忠报国在我脑海中留下的印象很深。”“‘精忠报国’四个字，我从那个时候一直记到现在，它也是我一生追求的目标。”国家的希望在青年，民族的未来在青年，青年大学生坚定爱国志、厚植报国情更加重要。

要树立正确的爱国观。爱国主义是中华民族的民族心、民族魂，爱国主义精神深深植根于我们每一个中国人心中，激励着一代又一代中华儿女为祖国繁荣发展奋斗。我们爱的国不是抽象的而是具体的，是由具体的国家政权和社会制度构成的。只有先进的国家政权和社会制度，才能使一个国家真正成为人民当家作主、安居乐业的地方。社会主义丰富了爱国主义的内涵，升华了爱国主义的境界。习近平指出:“今天之中国，同新中国成立以前之中国相比，同鸦片战争以后之中国相比，有天壤之别啊！”为什么会有天壤之别？就是因为在中国共产党的领导下，我们走出了一条具有强大生命力的中国特色社会主义道路。社会主义中国不是从天上掉下来的，而是中国共产党领导广大人民群众经过流血牺牲、长期奋斗建立起来的。“没有共产党就没有新中国”，这是我国历史和现实昭示的事实。祖国的命运和党的领导、社会主义的发展是密不可分的。只有坚持爱国与爱党、爱社会主义相统一，今天的爱国主义才具有真实的意义。

要深入学习历史，深刻了解世情国情新变化。历史是一面镜子，从历史中我们能够看清过去，也可以洞见未来；可以参透社会，也可以认识自己。历史是最好的爱国主义教科书，我们爱我们的祖国，就要了解祖国的悠久历史和灿烂文化，了解中华民族的光荣传统，了解我们党的光辉业绩和优良传统，了解中国特色社会主义的历史成就和未来走向，从中深刻认识新中国来之不易、中国特色社会主义来之不易、我们中国人今天的幸福生活和在世界上的尊严地位来之不易。知史爱国、知国报国，只有正确认识当代中国的历史和现实，爱党、爱国、爱社会主义之心才能更加淳厚，报国之志才能更加坚定，强国之行才能更加有力。

要在生活实践中加深对爱国与爱党、爱社会主义相统一的认识。

2021 年 9 月 25 日，中国公民孟晚舟在被加拿大无理扣押 1028 天后乘坐中国政府包机返回祖国。孟晚舟通过媒体向世界说道：“回首三年，我更加明白，个人命运、企业命运和国家的命运是十指相连，祖国是我们最坚强的后盾，只有祖国的繁荣昌盛，企业才能稳健发展，人民才能幸福安康。”和孟晚舟有着相似遭遇的法国阿尔斯通公司前高管皮耶鲁齐，在接受媒体采访时感慨道：“我没有孟晚舟女士幸运，我的公司和祖国没有给我如此强大的支持。”孟晚舟事件折射了今天爱国主义的时代意义，展现了在这个世界风云际会、大国博弈激烈的时代，国家强大对我们每一个公民、每一个企业意味着什么。党和国家对我们每个人的爱是一种“大爱”，这种“爱”虽日用而不觉，但确确实实地存在。我们要在日常生活中、点点滴滴的具体事件中，去感受只有国家好个人才能更好，只有国家有尊严我们每个人才会有尊严，从而更加真诚地热爱、守护这个国家。

孟晚舟回到祖国

要自觉抵制错误思潮，始终坚守爱国立场。我们弘扬的爱国情感绝非民粹主义，倡导的爱国行为更非走向封闭。一些错误思潮蓄意抹黑和虚无党和国家历史，有意割裂党和国家、社会主义和国家的关联，本质就是为了消解中华民族伟大爱国主义精神的凝聚力和引领力，动摇和削弱中国共产党的领导，动摇中国特色社会主义道路。这些错误思潮严重侵蚀、破坏爱国主义的根基，青年学生对此要始终保持清醒认识，明辨国家命运与个人命运的辩证关系，警惕和抵制错误社会思潮的影响，做一个真诚而清醒的爱国者。

要切实把爱国情转化为报国行。习近平强调:“爱国，不能停留在口号上，而是要把自己的理想同祖国的前途、把自己的人生同民族的命运紧密联系在一起，扎根人民，奉献国家。”爱国从来不是空口号，也不是用来装门面的。当祖国真正需要你的时候，再响亮的言辞都显得空虚，只有实实在在的行动，只有热血、奉献和牺牲，才能彰显“爱国”这个词的分量。1947 年底，在英国留学 9 年的彭桓武搭上开往中国的海轮。这位新中国后来的“两弹一星”元勋在英国已经功成名就，生活优渥，但仍然选择回到烽火连天的祖国。在回答记者“为什么回国”的提问时，他平静地说:“回国不需要理由，不回国才需要理由。”这句话真切地表达了这位赤子的心迹。爱国很多时候并不意味着荣耀，而是意味着付出和牺牲，正是这种付出和牺牲，才使得爱国之花绽放着人间最绚丽的色彩！青年的奋斗决定着祖国的未来。祖国需要青年为之奋斗，祖国也绝不会忘记那些奋斗者和牺牲者，在共和国的英雄榜上永远铭刻着他们的名字。新时代青年要做真正的爱国者，将爱国之情、强国之志、报国之行融入中华民族伟大复兴的历史洪流中。

14. 如何认识集体利益与个人利益

——我们从小受到集体主义教育，在现实生活中也感受到集体主义的重要性，但有时也会遇到集体利益与个人利益的冲突。如何正确认识集体利益与个人利益，当两者发生冲突的时候应该如何处理？

如何处理集体利益与个人利益的关系，是大学生活不可避免要面对的问题，也受到许多同学的关注。这一问题不仅关系我们大学生活的氛围，也会影响人生观、价值观以至未来我们对人生道路的选择，需要认真地思考和回答。

集体利益与个人利益的种种困惑

随着社会的发展进步，大学生面临着比以往更加多样的利益选择和诉求，追求和实现自身利益比以往更加积极主动。在学习和生活中，不少大学生对如何正确处理集体利益与个人利益的关系非常关心，部分同学也对如何处理这个问题产生了一些困惑。

有的同学说，班级活动、社团活动要耗费大量时间，打乱了自己的学习和休息计划，“先忙集体”还是“先忙个人”有时很难作出选择。有的同学说，集体利益与个人利益犹如鱼与熊掌不可得兼。

有的同学提出，维护集体利益就应当放弃个人利益，这个说法对吗？有的同学直言，我承认集体利益，可也不想放弃自己的利益。

有的同学认为，以集体利益为先会束缚个性和个人发展，会让个人吃亏，没有必要为了集体利益吃这个亏。有的同学问道，既然承认人们可以追求个人利益，那么优先维护个人利益是不是就不应该被视为自私自利？

有的同学抱怨，我们身边时不时出现“假集体之名，行个人之私”的现象，导致大家对集体的信任度降低，认为集体主义“虚伪”，如何看待这种现象？这是不是说明集体主义过时了？

上面的这些说法表明，集体利益与个人利益的关系是同学们非常关心的问题，其中也确实存在着一些需要澄清的困惑和错误认识。无论是在今天的学校生活中，还是未来走向社会，同学们肯定会遇到对集体利益和个人利益应该“如何看、怎么办”的问题，搞清楚这个问题是非常重要的。

集体利益与个人利益的困惑为何产生

困惑既然产生，就有产生困惑的原因。那么，同学们对于集体利益与个人利益的困惑到底是如何产生的呢？

社会竞争加剧和利益诉求多元化是困惑产生的重要原因。今天大学生的自主性普遍越来越强，对自己的期待更多更高，利益诉求更多样更强烈，部分学生越来越看重个人利益以及个人诉求能否得到实现。这种现象一方面表明同学们积极上进，追求更好地实现人生价值，这本是无可厚非的；另一方面也表明有的同学过于突出个人利益，这不但可能损害到集体，最终也不利于个人的发展，其弊端是有目共睹的。有的同学在推研保研、评奖评优、竞选学生干部时，每一步都精心设计、患得患失，只强调排他性竞争，只考虑自己能不能成功，甚至不惜损害他人和集体的利益，这就使本来有意义的良性竞争变了味儿。这些错误的做法不仅破坏了集体的良好氛围，也会引起大家反感，结果往往是得不偿失。

市场经济的逐利性、竞争性渗透到校园是困惑产生的社会原因。市场经济的逐利性、竞争性，本来应该成为推动经济社会发展的积极因素，但是渗透到社会生活领域特别是校园生活中，就会成为个人主义和利己主义滋生的土壤。我们建立和发展社会主义市场经济，是同社会主义基本制度、社会主义精神文明相适应的。但在一些实际生活中，片面甚至极端化理解市场主体的逐利性，把校园生活和同学关系都加以功利化、商品化，把什么都看成赤裸裸的竞争和交换关系、成本和收益关系，什么都要斤斤计较，计算性价比、回报率，谈条件、讲价码，这必然恶化同学之间的关系。

社会上的种种错误思潮是困惑产生的思想原因。我国正处在社会主义初级阶段，社会主义精神文明建设不断加强，社会主义道德风尚和集体主义精神得到了大力弘扬，但同时也要看到，旧时代的落后思想并没有完全消除。“人不为己，天诛地灭”“拔一毛而利天下，不为也”“人为财死，鸟为食亡”等封建腐朽思想在一些人中仍有市场。特别是西方极端个人主义、享乐主义、拜金主义等错误思潮，“主观为自己，客观为别人”“人人为自己，上帝为大家”等西方资本主义价值观，一度严重污染社会风气，对一些人产生了不可忽视的负面影响。这些封建时代的落后思想和西方错误思潮渗透到校园，影响到一些学生，使得这些同学对集体利益和集体主义的认同度降低，对个人利益的诉求过分放大。

正确对待集体利益与个人利益

马克思有句名言，“人们为之奋斗的一切，都同他们的利益有关”。正确理解利益是道德关系的基础。如何处理集体利益和个人利益的关系，是人们道德实践必须面对的问题。大学生关注个人利益是情理之中，但在面对集体利益与个人利益的矛盾时，就不能只考虑个人的利益，而必须正确处理好二者的关系。

在我国，集体利益与个人利益归根结底是统一的。我国是人民当家作主的社会主义国家，坚持以公有制为主体、多种所有制经济共同发展，按劳分配为主体、多种分配方式并存，社会主义市场经济体制等社会主义基本经济制度。在这个基本经济制度之上，集体利益与个人利益并不是根本对立的，而是相互依存、相互包含的，集体利益总体上是体现和维护每个人的利益的，尤其是维护包括每一个人在内的集体的根本利益、长远利益、可持续利益。每一个同学都有维护个人正当利益的权利，但却没有为了个人利益去侵害集体和他人利益的权利。一个好的集体、一个拥有强大生机活力和凝聚力的组织从来不遮蔽和妨碍个人正当利益，那些集体荣誉感比较强的班级、凝聚力比较强的社团，往往每个人都能得到很好的锻炼和全面的发展，最终实现“多赢”；反之，以自我为中心，只顾各自的利益，钩心斗角、相互拆台，谁也不买谁的账，结果不仅集体利益不能保全，集体荣誉难以保障，个人也会在相互消耗中举步维艰，最终结果是“多输”。应当承认，在某些情况下集体利益与个人利益会发生矛盾乃至冲突，但这并不是只顾个人利益的借口，集体利益与个人利益二者不是非此即彼的关系，而是相辅相成、相得益彰、彼此成就。面对集体利益与个人利益的矛盾和冲突时如何作出选择，这是一个人的思想格局和精神境界的试金石。关心集体，集体也会成就你；帮助他人，也会得到他人的帮助。在抗击新冠疫情斗争的一线，许多年轻医务人员、志愿者冲锋在前，经历了严峻的考验，业务、思想和精神也得到了全面提高，受到党和国家的高度肯定，在为国家、为民族作出贡献的同时，实现了自己人生的升华。

要深刻认识社会主义市场经济条件下坚持集体主义的重要性。我

2022 年，入驻三亚市第四方舱医院的上海医疗队

国的社会主义市场经济是与社会主义精神文明相统一、与社会主义道德相协调的，这是我国社会主义市场经济同资本主义条件下市场经济的根本区别之一。资本主义市场经济以个人主义为核心，强调资本逻辑和市场交换原则，人和人之间的关系本质上是“赤裸裸的利害关系”“纯粹的金钱关系”“明码标价的现金交易”。我国社会主义市场经济倡导坚持社会主义核心价值观，不仅与集体主义不冲突，而且要求在发展社会主义市场经济的同时弘扬集体主义精神。社会主义市场经济在进行市场调节的同时，也注重调节国家、集体和个人三者之间的利益关系。同学们在看待我国社会主义市场经济时，不能只看到社会主义市场经济同资本主义市场经济具有逐利性、竞争性这些共同特征，更要看到我国社会主义市场经济具有包容性、普惠性以及促进共同富裕的显著优势，不能把资本逻辑和交换原则无限制地延伸到社

会交往和人际关系之中，更不能为了追逐个人利益而损害他人和集体的利益。无论是在校学习还是今后走向社会，都既要积极融入社会主义市场经济的发展实践，积极参与有利于社会进步和个人发展的良性竞争，又要注重处理好竞争与合作、个人与集体的关系，坚持义与利、利己与利他的统一，正确把好利益取舍的“方向盘”，更加自觉地处理好国家利益、集体利益、个人利益之间的关系，做社会主义核心价值观的维护者和践行者。

要坚决抵制个人利益至上这一错误思潮。把个人利益看作高于一切并将其作为待人处世的准则，只顾个人利益甚至不惜损害他人、集体和国家的利益，这是个人利益至上的典型表现。大学生中出现的处理集体利益与个人利益关系的种种错误观念与行为，都与个人利益至上这一错误思想的影响密切相关。个人利益至上的要害不是要不要关心个人利益，而是把个人利益放到压倒性位置，甚至损人利己、损公肥私。例如，在国际上有的国家宣扬“本国优先”“本国利益至上”，为了实现一己私利不择手段、不讲道义、不顾规则，公然践踏公理和国际公平正义，严重损害全球经济发展大局，与当今世界和平发展潮流和人类发展进步事业背道而驰。这种做法与我国形成鲜明对比，我们始终坚持把维护全人类的共同利益作为外交工作的基本理念，推动构建人类命运共同体，赢得了世界上大多数国家和人民的拥护支持。坚持集体主义是我国作为社会主义国家的光荣传统和重要优势，是社会主义道德建设的应有之义和主导性原则。当代大学生要始终怀揣集体主义的道德追求，自觉学习和践行集体主义价值观，自觉抵制极端个人主义、享乐主义、拜金主义。对于只顾自己利益不顾集体利益，对集体荣誉漠不关心，为了一己之私逃避自己责任和义务的行为，坚

北京街头的“中国梦”花坛

决说“不”；对于“假集体之名，行个人之私”，为了达到个人目的而不择手段、不讲道义、不顾规则的做法，决不迁就。习近平指出：“中国梦的实现，不是成就哪一个人、哪一部分人，而是造福全体人民。”今天，我们正昂首阔步走在强国建设、民族复兴伟业新的长征路上，新时代大学生应以“小我”融入“大我”、“个人梦”融入“中国梦”，继续书写盛世华章，共享国家和民族的荣光。

15. 为什么要尊崇和捍卫崇高

——听到“笑果”调侃人民军队，令人震惊的不只是调侃的人，更是下面笑的人。为什么会频频出现戏谑崇高的现象？英雄和崇高难道不应该被尊崇吗？如何尊崇和捍卫崇高？

2023 年 5 月，笑果文化传媒有限公司旗下某演员在表演脱口秀过程中，出现严重侮辱人民军队的情节，引起社会公愤。随后，涉案公司及个人受到重罚，尊崇和捍卫崇高的话题也引起广泛讨论。

不尊重崇高价值的一些表现

一个时期以来，社会、网络和校园中出现了某种类似“笑果”调侃解放军那样诋毁先烈、抹黑英雄的丑恶现象。这类现象引起了许多大学生的愤慨。

比如，有些媒体和网络文章以“解密真相”“还原历史”为借口，罔顾事实杜撰故事，用胡编乱造的情节，诋毁烈士刘胡兰、雷锋和狼牙山五壮士。比如，日企索尼在烈士邱少云忌日发表影射侮辱烈士的内容，挑衅意味浓厚。

比如，有人把严肃题材娱乐化、庸俗化，让抗日英雄角色浓妆艳抹，严重违背历史史实；有人故意组织精神病人恶搞《黄河大合唱》，台上台下丑态百出；有人把红军“飞夺泸定桥”变成娱乐噱头，对流血牺牲的革命先烈极不尊重。

比如，有人在瞻仰烈士陵园、参加国家公祭日等重大纪念活动时作出不庄重的行为，在参观革命纪念馆、重要纪念地时嬉戏打闹，等等。

上述现象虽不能说普遍存在，但也并不鲜见。这些现象反映了一些人心中对革命先辈的不尊重、对崇高价值的不尊重。当崇高不被尊重、英雄不被推崇，我们社会的主流价值观就会受到冲击，全国人民的共同精神家园就会受到破坏。因此，尊崇和捍卫崇高不仅是对待英雄的态度问题，而且是捍卫我们国家和社会赖以存在的基本价值的重大问题。

人民英雄纪念碑

为什么戏谑崇高现象屡禁不止

说到这里，同学们或许会产生这样的疑问，我们从小受到崇敬英雄、敬畏崇高的教育，今天为什么会出现这种反常的现象？其原因是什么呢？

一个时期以来“消解崇高”思潮的消极影响，是这些反常现象产生的思想环境。20 世纪 80—90 年代，思想文化领域泛起了一股“告别革命”“消解崇高”的历史虚无主义思潮。有人提出在市场经济和文化多样化的情况下，人们的价值选择日益多样化、世俗化，革命英雄主义和崇尚英雄的教育已经不合时宜，应当被“拒斥”。还有人以“我是俗人，我只追求俗人的快乐”为价值主张，宣扬逃避崇高、远离理想。这股错误思潮受到了坚决抵制和批评，其影响日益减轻，但至今仍未完全消除。

片面追求经济效益、放弃社会责任的错误文化发展观，是这种反常现象出现的重要原因。在社会主义市场经济条件下发展文化事业和文化产业，历来存在两种不同的文化发展观。一种是坚持社会效益优先，经济效益和社会效益相统一，把社会责任放在首位的文化发展观；另一种是只追求经济效益、不承担社会责任的文化发展观。我国是在社会主义条件下发展市场经济，文化企业不能因追求经济效益去损害社会效益，更不能用崇高价值和英雄主义搞噱头、赚钱，亵渎诋毁崇高和消解社会的正能量。如果在文化发展中只是以满足感官刺激、多赚钱为目的，甚至崇高理想、英雄主义都用金钱来衡量，则必然使文化领域成为资本主义泛娱乐化思潮的重灾区，成为西方对我国进行意识形态渗透的缺口，这是我们的社会所不能容忍的！

放松思想警惕、价值立场不坚定，是这些反常现象在部分大学生中出现的原因。对待崇高的态度关涉价值选择和价值追求，往往成为各种错误思潮争夺青年、争夺人心的突破口。泛娱乐化既折射出文化娱乐层面价值被无底线消费的身影，也能看到历史虚无主义思潮的恶劣影响。听到“笑果”调侃人民军队之时，部分观众的哄然大笑就反映出一些人对何谓崇高、何以需要捍卫崇高缺少清醒认识，而一些大学生在重要纪念地的不恰当行为，也是亵渎和贬低崇高的表现，这应当引起同学们的警惕。

出现戏谑崇高、不敬英雄的现象，还与我们营造捍卫崇高价值的社会氛围和制度建设方面存在短板有关。任何一个国家、一个民族都有不可侵犯的精神园地，都有自己崇拜的英雄，用社会力量和法律制度来维护这些崇高价值，是各国普遍的做法。比如，1993 年俄罗斯颁布《卫国烈士纪念法》，2006 年美国颁布《尊重美国阵亡英雄法案》，韩国在评价爱国义士时则秉持不因政权更迭而改变的原则，等等。相当长一个时期内，我国对这方面的立法相对滞后，近年来国家加大了这方面的工作力度，但“笑果”等现象表明，这方面的工作力度还需要进一步加大。

如何尊崇和捍卫崇高

大学生作为新时代青年，要自觉增强自身价值判断能力，不断提高自己的思想品格。要加强理论学习、历史学习，掌握辩证唯物主义和历史唯物主义的世界观和方法论，增强抵御错误思潮的能力。要树立向往崇高、追求崇高的胸怀抱负。人生的追求规定了人生的大方向，只有追求崇高才有可能实现更高的人生价值。尊崇和捍卫崇高，正是表明了我们的人生选择。古今中外众多创造了辉煌壮丽人生的志士仁人，多在青年时期就确立了崇高的人生目标，都在解决人生的一系列重大课题中彰显出崇高的价值。新时代大学生应当确立高远的人生追求，学习崇高、追求崇高、捍卫崇高，最终走向人生的崇高。

要在营造尊崇崇高、争做崇高的浓厚社会氛围中践行青年责任。一个有希望的民族不能没有英雄，一个有前途的国家不能没有先锋。崇尚英雄才会产生英雄，争做英雄才能英雄辈出。近年来，我国建立健全党和国家功勋荣誉表彰制度，设立国家科学技术奖，表彰奖励全国劳动模范和先进工作者、全国民族团结进步模范等，既对引领全社会崇尚英雄、追求崇高发挥了重要作用，也激励了大学生学习典范和争当先进。大学生对英雄模范的最好致敬、对英雄精神的最好传承、对崇高价值的最好弘扬，就是见贤思齐，努力成为先进、成为英雄。当代大学生要在知行合一中了解英雄模范先进事迹，感悟英雄模范崇高精神，把对英雄的学习和对崇高的追求体现到自己的学习生活中，

2022 年烈士纪念日，向人民英雄敬献花篮仪式在天安门广场举行

让崇尚英雄、学习英雄、争做英雄在青年当中蔚然成风。

要自觉遵守和维护我国尊崇、捍卫崇高的法律制度。新时代我们国家推动制定、修订了国歌法、国旗法、国徽法、英雄烈士保护法、爱国主义教育法等，为尊崇和捍卫崇高提供了有力法治支撑。不论是诋毁贬损卫国戍边官兵英雄精神被判 8 个月，还是侮辱人民志愿军“冰雕连”被判 7 个月，反映的都是社会对亵渎英雄先烈行为的零容忍态度，昭示的是国家捍卫崇高价值的强烈意志。对于大学生而言，不仅要了解维护崇高的既有法律，不做诋毁侮辱英雄先烈、践踏崇高价值的制造者和传播者，而且要自觉运用法律的武器，勇做英雄名誉、崇高价值的守护者和捍卫者。只有这样，向往和追求崇高的社会主流价值才能得到夯实巩固，大学生也才能在英雄精神和崇高价值的熏陶下汲取更为有力的前进力量。

16.“ 既无害也无益 ”可能吗

——大学生都很关心人生的意义，多数同学认同人生应该有意义，但也有些同学说，我只想平平凡凡过一生，不想追求什么意义，做一个“ 既无害也无益 ”的人不可以吗？这种人生态度可取吗？

为国家和社会作贡献是大学生从小就接受的教育。许多新时代大学生刚健自信、胸怀天下，勇做走在时代前列的奋进者，展现了亮丽的青春风采。但是，生活本身是复杂的。在激烈的学习生活竞争中，有的同学并不顺利，甚至很不如意，由此产生了畏葸退缩的情绪。“我只想做一个对社会既无害也无益的平凡人”成为一种声音。这不仅是一种个人情绪的宣泄，也反映了一种人生态度，对于大学生来说不是一个小问题。

“无害无益论”的种种表现

在我们的校园中，无害无益的说法并不是空穴来风，而且对少部分同学产生了不良的影响。

有的同学感觉，在校学习压力大，走向社会竞争激烈，自己难以适应，更无望脱颖而出，只想管好自己，不想担负过多的责任。

有同学说，社会、家庭的要求过高，我也想上进，我也奋斗过，但负重前行太难，太累太操心，我不想那么辛苦了。

有同学表示，先进榜样我很钦佩，但我不会向他们学习，做英雄、当模范付出太多，不划算。天塌下来有高个子顶着，我可以做一个旁观者，搭搭便车，享受成果就可以了。

有同学对任何需要付出时间和精力的工作都不愿承担，对学院和班上的事，事不关己，高高挂起；对自己的学业和工作马虎应对，不求有功，但求无过。

有同学说，我不做坏事，也不想去做好事，只想当一个“凡人”，就算我是一个“废物”，也应该让我存在吧，更何况我也没给社会添乱，也可以吧。

上述这些说法，看上去是个人选择，无伤大雅，但反映的问题并不是小事情。如果大家都只关心自己、不关心社会，都站在边上看，让别人往前冲，社会就不会继续发展，关系全社会的事就会无人去办，社会正气就得不到弘扬。如果任由这种情绪蔓延成一种风气，国家和民族将失去希望。因此，青年的人生态度问题绝不是小问题，需要特别重视。

“无害无益”的人生态度何以会产生

现实与理想的落差容易造成消极颓废的心理。在古代，就有政治上失意、身心倦怠的归隐山林之士。在今天，社会竞争环境更加激烈，对人才的综合素质要求更高。在竞争中，固然有成功者、顺利者，也会有失败者、失意者，各种各样的社会心态随之产生。我们从小就被教育要做一个对社会有贡献的人，要立大志、担大任，为中华之崛起而读书。长大后，在百年未有之大变局中，经历世纪疫情、逆全球化思潮，世界经济复苏乏力，中国经济从一路狂飙的高速发展期转向中高速发展期，一系列不确定难预料因素影响着青年的现实生活。在学习、就业的多方位竞争中，一个人不可能次次都是优胜者，挫折和困难难以避免。一些同学深感竞争激烈，“理想很丰满，现实很骨感”“卷又卷不赢，躺又躺不平”。曾经对自己要求很高，想要改变世界，遭遇现实困难后，又感到能改变的只有自己。挫折感和倦怠感催生出退缩和逃避的情绪，说是做个“无害无益”者，实际上是想放弃自己的责任和雄心，幻想“躲进小楼成一统”，回避竞争、不思进取。这是一种消极颓废的人生态度。

不能正确认识“伟大”与“平凡”，是这种人生态度的思想原因。一些同学声称自己做不了伟大的人，只能追求平凡，实际上却对什么是真正的伟大、什么是真正的平凡并没有正确认识。有的人认为，只有成为轰轰烈烈的大英雄，或者当领导、大企业家，才够得上“伟大”，而踏踏实实做人，在平凡的岗位上努力工作，则被视为平庸、平凡。其实，伟大寓于平凡，平凡的人可能是伟大的。在路遥的长篇小说《平凡的世界》中，男主人公孙少平通过自强不息的努力，成了一名出色的矿工。这种“平凡”是否也是一种“伟大”呢？有同学觉得，孙少平的事业太普通，没有什么好歌颂的。他的结果也许是平凡的，但从过程上看，他的人生奋斗不可谓不轰轰烈烈。在共和国的历史上，有很多杰出的劳动模范、英勇的战斗英雄、卓越的科学家、优秀的人民教师，也都是从孙少平这样的普通人中走出来的。我们国家是人民当家作主的国家，所有为国家作出贡献的人，都会受到社会的尊重和认可，都是一种“不平凡”。一些同学对“不平凡”的定义太过单一。从进入大学的第一天起，就追求当精英、当领导、做老板、赚大钱，认为只有这样才算得上是“成功人士”。这样单一、狭隘的期待，导致目标设立脱离实际，成为一些同学痛苦的源头。

《平凡的世界》

社会上存在极端个人主义、享乐主义、拜金主义思潮的影响，也是这种人生态度形成的原因。在中国的传统思想文化中，既有积极进取的优秀传统思想，也有落后颓废的消极思想。“今朝有酒今朝醉，莫管门前是与非”“不能流芳百世，亦当遗臭万年”等说法就是其表现，在今天的社会中，这些消极思想仍然存在。尤其在对外开放的条件下，西方极端个人主义、功利主义、享乐主义和拜金主义等思想也在侵蚀着我们的社会。大学生不是生活在真空中，“无害无益”的消极人生观一定程度上就是历史上、社会上消极错误思想影响在今天的反映，它们在根源上是一致的。如果以“做平凡人”为借口，不愿意对自己负责、对家庭负责、对国家和社会负责，实际上就是利己主义的一种表现，是非常有害的。

如何走出“无害无益论”的迷思

每个人来到这个世界上都有自己的责任，也应该担负起自己应当担负的那份责任。我们的能力有大小，但责任和义务不可弃。所谓“既无害又无益”，是不愿承担责任和义务的借口。走出“无害无益论”这个迷思，我们的人生将会有更加丰富的色彩。

要看清“无害无益论”只是一种幻想或托词。所谓“无害无益”是一个伪命题。在现实生活中，把自己的行为控制到对社会的作用“正负抵消为零”，是不可能做到的事情。任何人都不是原子式的个人，而是总处于一定的社会关系中。从自我到身边人、到群体、到社会，形成了一个有机统一的整体，不产生影响是不可能的。有同学认为，我每天蹲家里，什么都不做，是不是“无害无益”？但蹲家里就要消耗、就要“啃老”，会给父母带来负担，也会给社会带来负担，长此以往就是“有害的”。有同学说，打一天工，又自己把工资花完，天天“日光”是“无害无益”。但是，即便是打一天工，也是参与了社会大生产，作出了微薄的贡献。流自己的汗，吃自己的饭，没什么不好意思的。从这个角度说，“对社会既无害也无益”是脱离社会现实的天真幻想。“无害无益”实际上是逃避社会责任的托词——我不对社会造成危害，但你也别要求我对社会承担责任。前者是虚，后者才是实。这种托词反映的是消极的人生态度。

要明白伟大寓于平凡，平凡蕴藏不凡。夜空中的繁星，有的光亮耀眼，有的光点微弱，却一起构成了璀璨星河。广大平凡的人是社会的大多数，构筑了百态人生和万家灯火。平凡不等同于平庸、躺平或摆烂。平凡之人虽没有耀眼光环，却可以通过努力和付出，改变身边的人和事，让世界更加美好。2020 年，一首名为《无名之辈》的歌曲感动了许多同学。“谁不是拼了命走到生命的结尾，也许很累一身狼狈，也许卑微一生无为……”但是依然坚定地说，“继续追，谁的光荣不是伴着眼泪”。伟大出自平凡，平凡造就伟大。在新时

2024 年初，工人在贵州金州大桥建设工地施工

代，有一个奇迹叫中国速度，有一种伟大叫中国的“农民工”。“基建狂魔”一次次惊艳世界，中国速度从何而来呢？一砖一瓦、一图一纸都来自中国的老百姓，每一个平凡的人都作出了不平凡的贡献！凡人微光，积聚成炬，照亮前程。

要看到小家离不开大家，积极担当社会责任。有同学说，我不关心什么家国大事，只想要岁月静好的“小确幸”。但是，小幸福离不开许多人的守卫、苦干、奔波以及奋力托举，并非理所当然存在。比如，一些同学留学时会发现，别人怎么看你，并不完全根据你的表现，而是很大程度取决于你身后的祖国。在中国积贫积弱的时代，美国推出《排华法案》，成千上万的华人劳工受到迫害。伴随中国实力的增强，中国人和华裔的国际地位不断上升。2023 年 12 月，美国白宫首次正式谴责《排华法案》，成为“迟来的道歉”。可见，没有大国崛起，哪来小民尊严？没有祖国的强大，哪来“小确幸”？在现实中，只谈权利、不负责任，只要个人价值、逃避社会价值是行不通的。一个人的能力有大小、处境有顺逆，但无愧于时代、报效于国家的心志不可移易，这是我们今天应该抱有的心态。

人生有许多种打开方式，而符合社会发展规律，促进人类进步，是人生最有意义的绽放。青年是社会中最积极、最富生气的力量。“得其大者可以兼其小”，我们要在选择志向之时找到符合个人能力、兴趣，也对社会有益的事业。淡定平和不焦虑，深刻理解伟大寓于平凡、平凡创造不凡，做一个有理想、敢担当、能吃苦、肯奋斗的新时代好青年，创造有意义的人生。

17.“ 精致利己主义 ”不可取

——在网络上和学习生活中，时常可以听到“ 精致利己主义者 ”这个词。什么是“ 精致利己主义者 ”？为什么会产生精致利己主义？精致利己主义为什么很有害？

精致利己主义者这一话题之所以受到较多的关注，是因为在大学校园中确实存在这一现象，并影响到一些人对当代大学生的看法。因此，这个问题必须引起我们的重视。

什么是精致利己主义者

所谓精致利己主义者，即精心算计并加以伪装和掩饰的极端的利己主义者。其基本特征有三：一是在性质上的极端利己。在一切问题上个人利益当头，忽视他人和社会的权益，不实现自身利益不罢休。二是在表现形式上圆滑世故、精于算计，具有伪装性。为达目的步步精心设计，善于运用自己的高情商高智商，以精妙细致的包装掩饰自己的行为。三是在行为方式上表现出极端功利主义，薄情寡义。把别人当作实现自己目的的手段，处心积虑、挖空心思钻营人际关系，不屑于脚踏实地取得成功，而是以各种“手段”以期快速收获名利，实现自我利益最大化。

在当今大学校园里，带有强烈精致利己色彩的行为虽然并不普遍，但也并不少见。比如，有的同学为了达到保研、出国等目的在老师面前反复“刷脸”，一旦拿到想要的分数或推荐信，便翻脸不认人、“人间消失”；有的为了评优评奖费心钻营，通过各种“搭便车”“走捷径”来实现自己的目的；有的为了拥有一张漂亮的简历，摆拍式参加各类志愿服务；有的组织或参与各类集体活动均出于自己的利益考量，一旦无利可图则立刻抽身。再比如，有的为了入党、就业、争取“上位”的机会，不惜搞匿名攻击，以莫须有的污名举报他人；有的凭借职权便利，拦截多项活动通知，剥夺其他同学的知情权；更有甚者，因为嫉妒优秀的同学而不惜对其投毒残害。尽管表现形式各不相同，但在本质上都是极端的利己主义。

在有的人看来，精致利己主义者的行为尽管为人所不齿，但他们的确屡屡得逞，貌似获得了实实在在的利益，但事实上，精致利己主义者不仅危害社会，终究还会损害自己。尽管他们的一些行为短时间内达到了目的，看起来获得了所求利益，但从长期来看，这种行为势必会为群众和组织看穿，为同学、朋友、亲人鄙视，无益于个人发展，使他们因小失大，甚至丧失重要的发展机会。从社会进步的要求来看，精致利己主义是一个健康社会中的病毒和侵蚀剂，这种行为破坏了社会生活共同体，严重影响社会风气，削弱社会团结氛围，成为社会发展的阻力。

精致利己主义何以产生

应当看到，精致利己主义的产生，受到了社会现实、社会思潮和个人的经历际遇等多重因素的影响。

市场经济的影响与激烈的社会竞争是精致利己主义产生的社会环境。任何一种社会意识和社会现象都不是凭空产生的，总是有一定的社会土壤。我们大力发展社会主义市场经济，鼓励竞争和创造，这是有利于社会发展进步的，但同时也要看到，如果不能正确处理竞争与合作、个人与集体的关系，也会导致一些不好的社会影响，精致利己主义就是一种负面影响的反映。一位德国哲学家曾经说：“如今，市场语言无孔不入，把所有的人际关系都纳入了以强调自我利益、自我优先权为导向的模式。”他说的虽然是资本主义市场经济，但在我国，这种市场经济渗透性也存在，特别是我国仍处在社会主义初级阶段，社会主义市场经济建设不够完善，更加容易导致市场经济负面效应渗透到社会生活中，诱发人们片面、短视地追逐个人利益的功利性行为。这正是精致利己主义得以在大学生中出现的社会因素。

价值观的扭曲是精致利己主义产生的思想原因。随着教育事业的发展和思想政治工作的加强，广大青年大学生精神面貌越来越正面积极，更关注人生的意义，也关心自我的发展，这对于社会进步是有益的。但同时，随着社会竞争日趋激烈，大学生群体所面临的竞争压力也与日俱增。这种竞争的正向作用激励同学们积极争取人生成功、事业进步，但如果不能正确处理小我与大我、个人与集体、利己与利他之间的关系，就很容易扭曲价值观，把竞争当作人生搏杀，为了个人成功不惜损害他人，从而落入精致利己主义的窠臼。大学生处在身心成长的关键时期，世界观、人生观、价值观尚未完全定型，不注意自我警醒就容易沾染上功利主义思想，以自我为中心，走上精致利己主义的狭隘之路。

社会上一些错误思潮的影响，也是精致利己主义产生的不可忽视的重要因素。中国长期处于封建社会，小农经济自私自利的思想残余仍然存在。特别是在对外开放环境下，西方资本主义人生观、价值观的渗透侵蚀也产生了消极影响。西方一些势力处心积虑推销极端个人主义、功利主义、历史虚无主义，在一些年轻人中产生了破坏性影响。极端个人主义特别强调追求自己的物质利益，往往过分关注个人权利而否认社会权利、集体权利；功利主义强调避苦趋乐，以追求功利和个人最大幸福为原则，片面关注结果而非过程；历史虚无主义则对现存一切持根本性的否定态度。受这类思想的侵蚀，部分青年往往会过于注重自身利益，忽视集体利益。

避免落入精致利己主义的窠臼

正确认识个人利益，正确处理自我和他人、个人和集体的关系，是避免落入精致利己主义窠臼的必然要求。每一个人既是自然的存在，也是社会的存在，实现个人更好的发展，离不开他人的帮助，离不开与群体的和谐相处，离不开与社会的相向而行。用合情合理合法的手段去获取个人的正当利益是无可非议的，如果能够与身边同学团结协作，发挥“1+1 > 2”的合作共赢效果，则会留下更加美好的回忆。集体是由个人凝聚而成的，维护集体利益并不意味着否定个人的利益。“大河有水小河满，大河无水小河干”。有的同学或许会问，在竞争如此激烈的环境下，难道我们不能为自己未来发展作一定的考量吗？应当说，这种考量和追求是无可厚非的。但精致利己主义者的考量和追求，并不在于考量和追求本身，而在于不惜损害别人和社会的利益来达到自己的目的。作为新时代青年，应该在基本价值观上作出正确判断。

篮球场上齐喊“加油”

要见贤思齐，学习无私奉献的榜样。在我们今天的社会，各行各业包括青年学生中，都存在着很多热心助人、无私奉献、勇于牺牲自

共和国勋章

我成就他人的先进人物，他们是我们青年学生学习的榜样。他们的牺牲和奉献实际上既贡献了社会，也实现了自己的人生价值。而精致利己主义者的“获得”，实际上是一种失败，在得到一些利益的同时，失去的可能会更多，这样的人无论如何“成功”，永远都不会赢得真诚的掌声。相反，无私奉献社会、全心全意为人民服务的人，他们的精神是永恒的，能够得到国家和人民真正的认可。“圣人不利己，忧济在元元”。为中国核事业隐姓埋名28年的于敏，为核潜艇研发隐身30年的黄旭华，致力于研究杂交水稻技术以“让所有人远离饥饿”的袁隆平，提取青蒿素创新疟疾治疗方法的屠呦呦等，无一不是载入史册的真正的成功者。新时代青年只有以实现中华民族伟大复兴为己任，做到知行合一，实现个人成长与国家发展的同频共振，才能将人生之路走得更为壮阔、更为精彩！

要自觉抵制各种错误思潮的影响，始终保持一种清醒的定力。恪守正道、明辨是非、拒绝诱惑，不受歪风邪气的影响，是当代青年应有的一种底蕴和心性。今天的大学生面临着多样复杂的社会思潮的影响，这就更加需要加强理论学习和思想淬炼，善于用敏锐的眼光观察社会，用清醒的头脑把握人生，用智慧的力量创造未来。要深刻认识精致利己主义的危害，勇于对精致利己主义说不。要勇于与精致利己主义行为作斗争，自觉抵制身边的精致利己主义行为，让精致利己主义无所遁形。要弘扬正确价值导向，形成良好的舆论氛围，使向上向善的正气在班级、校园蔚然成风，成为主流，以正气压倒邪气。还要完善体制机制，堵塞漏洞，使精致利己主义者枉费心机，不能得逞。

18. “寺庙热”冷思考

——现在，“寺庙热”悄然在一些青年中流行，“电子木鱼”“网络拜佛”也开始走红。有人说，“求人、求己不如求佛”“上学、上班不如上香”。应该怎样看待这些现象？大学生应当怎样对待“寺庙热”？

近年来，寺庙成为一些学生的热门打卡地。寺庙中除中老年游客外，越来越多地出现了年轻人的身影。这是需要我们关注和思考的问题。

“寺庙热”是怎么回事

当下，求神拜佛的现象在青年中开始多了起来，从约逛街到约逛寺庙，从约聚餐到约烧香，从约自习到约求香囊，这些现象在一些学生中时髦起来。某旅行平台显示，2023 年以来，寺庙相关景区门票订单量有较大增长，预订人群中，“90 后”“00 后”占比接近 50%，有的求高分、有的求升学、有的求姻缘、有的求工作……

寺庙热甚至从线下热到了线上。不少人用 App、小程序拜佛祖，闲来无事就打开软件敲敲电子木鱼，并调侃这是“足不出户就可以实现功德 +1”。几年前，寺庙在社交平台上还籍籍无名，如今的搜索量大幅度增长。于是便有了一种说法，“有些青年在上进和上香之间，选择了上香；在求己和求佛之间，选择了求佛；在作为与作法之间，选择了作法”。

与“寺庙热”相对应，近年来一些宗教势力也开始在校园及周边出现。每到开学季、毕业季，总有人在大学附近或者校园中以赠送礼物为名向学生传教，或在路上拦住学生询问是否对宗教感兴趣，通过电话、网络邀请加入宗教交流群；或以庆祝宗教节日为由组织集会，宣传宗教思想；还有的打着“文化交流”“学术研究”“活动赞助”等旗号，大行宗教传播之实，这其中甚至有邪教组织的影子。

这些走进寺庙烧香拜佛和参与宗教活动的同学，动机和目的并不相同：有的是出于自身的宗教信仰，有的是向往其中的文化体验，有的是在现实中遇到了挫折和困难想寻找一些慰藉，有的则纯粹是好奇跟风。个人宗教信仰自由是受我国宪法和法律保护的，体验宗教文化、赶时髦凑热闹，或是为了缓解压力掺和一下，应该说也无可厚非，但是对于青年大学生来说，如果执着于把摆脱现实中的烦恼寄托于神灵，把人生的追求和希望寄托于香火之中、神龛之上，则是不可取的。这个问题实际上关系到青年大学生应该有什么样的世界观、人生观、价值观的问题。

如何看待“寺庙热”

一定意义上讲，“寺庙热”反映了当下青年面对现实的一种心态，是对现实和未来感到困惑的乌托邦式寄托。当这种现象成为一种“热”，甚至成为部分青年生活中一种仪式感的行为，就需要我们深入思考：为什么会有“寺庙热”，这背后反映的问题是什么？

从表象上看，“寺庙热”是青年在面对现实压力时焦虑情绪的反映。在快速发展变化的时代，面对教育、就业、生活各方面的压力，有些青年跟不上、适应不了、焦虑不安，急需寻找一种精神上的慰藉和内心的寄托。于是，寺庙成为表达的出口，虚空世界成为超脱的指望，大到人生之路该如何走，小到生活中的鸡毛蒜皮，学业、工作、婚恋、家庭、消费等种种烦恼，都希望在寺庙中得到化解。

“寺庙热”背后也有资本运作的推波助澜。在市场经济条件下，部分青年的宗教情绪成为一些人谋财生利的“商机”，青年心目中纯粹的“精神寄托”成了某些人的“生财之道”：手串等法物化身网红爆款，素斋和寺院咖啡登上必吃榜，各大社交平台上充斥着网红发布的寺庙打卡帖子，扩张着青年学生消费的欲望。“寺庙游”俨然发展成了一些青年群体中的热门选择。许多同学不断被潮流裹挟，产生了盲目跟风心理。“寺庙热”消费行为已不再是满足商品功能性需要，而是变味成满足社交和身份认同的感受性需求。

人们涌入寺庙烧香拜佛，大多未超出民间祈福的活动范畴。但是，对寺庙的过度追捧极易使人走向一个虚幻的世界，潜移默化地诱导大家忽略主观能动性，畏难逃避，在虚无缥缈中寻找精神寄托，久而久之就会动摇理想信念，模糊人生追求，消解正确的世界观、人生观、价值观。这不论是对个人的成长成才还是对社会的发展，都是消极的、负面的，是与社会主义核心价值观相悖的。

再进一步看，寺庙本质上是宗教场所，承载着以超自然崇拜教化信众的功能。有些同学被它的神秘性所吸引，但并不了解“上香”这些仪式背后的含义，并不清楚宗教活动与教义之间的内在关联，更没有意识到可能存在的意识形态风险。当前，社会上的确存在着一些宣扬宗教优点、夸大宗教作用的思潮，甚至在一些外部势力的操控下，青年成为宗教渗透的重点对象。大学生正处于信仰形成的关键时期，没有正确宗教观的教育和引导，很容易对宗教产生非理性的认知，把自己的命运寄托于虚幻的造物主和超自然的力量，在世界观上滑向唯心主义和有神论。因此，我们不仅需要关注“寺庙热”，也需要透过这一现象警惕错误宗教观的危害，警惕西方敌对势力的宗教渗透。

应该怎样正确看待人生、正确看待宗教

真正认识“寺庙热”不能就寺庙谈寺庙，而需要从正确的世界观、人生观、价值观的高度，从党和国家有关宗教政策的高度来认识这个问题。这里有几点建议和同学们分享。

科学看待人生。高速发展的社会，的确给人们带来了前所未有的压力和挑战。然而，压力和动力、机遇和挑战往往是并肩而行的，社会的发展也给个人成长提供了更好的平台。我们可以尝试着用客观全面的眼光看待面临的困扰焦虑，积极调适自身状态，努力提升自我，跟上时代发展的节奏。人生之路并非一帆风顺，有坦途也有陡坡，有平川也有险滩，有直道也有曲折。走好这条路，需要我们科学看待人生。习近平指出:“要树立正确的世界观、人生观、价值观，掌握了这把总钥匙，再来看看社会万象、人生历程，一切是非、正误、主次，一切真假、善恶、美丑，自然就洞若观火、清澈明了，自然就能作出正确判断、作出正确选择。”端正人生态度、积极面对生活，许多烦恼和焦虑就自然能够从容应对，就能在积极进取中得以消解。只有做到是非明、方向清、路子正，才能不断提升人生境界，成就出彩人生。

坚定理想信念。面对现实生活中的种种困惑、迷茫、焦虑，究竟采取什么样的态度，理想信念至关重要。消极逃避、祈求神秘力量救赎，只能是空想，从来无法兑现。寄希望“天上掉馅饼”，自己不努力，结果往往是一场空。所谓求佛，其实求的是改变自己的人生境遇，

但求佛易、变己难，寄托易、实现难，拜佛祈福只能获得一时的心灵慰藉，不可能真正改变现实困境。正确的理想信念，才是真正支撑我们穿越重重迷雾的明灯，是我们不懈奋斗的力量源泉。人在青年时代树立正确的理想、坚定的信念十分紧要。1936 年，毛泽东同斯诺谈话时说道，“我一旦接受了马克思主义是对历史的正确解释以后，我对马克思主义的信仰就没有动摇过”。老一辈无产阶级革命家之所以能够在艰难困苦的环境下，经受住重重考验，战胜重重困难，创造出前无古人的历史伟业，改变了中国、改变了世界，就是因为他们始终有坚定的理想信念，并一辈子为之奋斗。

2021 年，西安科技大学研究生新党员赴八路军西安办事处纪念馆举行入党宣誓仪式

正确认识宗教。马克思指出，宗教本质上是人的自我意识的丧失，是一种颠倒的世界观，它“从一开始就是超验性的意识”，是“虚幻的花朵”，是“人民的鸦片”，并终将随着生产力的发展和人类的彻底解放而消亡。我国宪法保障公民有信仰宗教的自由，也有不信仰宗教的自由；有信仰有神论的自由，也有信仰无神论的自由。宪法明确规定：“国家保护正常的宗教活动。任何人不得利用宗教进行破坏社

会秩序、损害公民身体健康、妨碍国家教育制度的活动。宗教团体和宗教事务不受外国势力的支配。”教育法规定：“国家实行教育与宗教相分离。任何组织和个人不得利用宗教进行妨碍国家教育制度的活动。”任何人都不能在校园内从事传播教义、发展信徒等宗教活动。我们应当树立马克思主义宗教观，科学认识宗教及其本质，了解国家的宗教法律法规，严格规范自己的言行，警惕宗教渗透和意识形态风险，避免陷入一些境外宗教势力以及邪教组织的陷阱。

坚持不懈奋斗。追求人生真谛、树立理想信念不能光嘴上说说，它更是一个实践问题。我们处于一个奋斗的时代，年轻人有着奋斗的广阔舞台。征途漫漫，惟有奋斗才能成就有意义的人生。机会从来都是留给乐于奋斗的人。当前，我国发展正处于重要战略机遇期，中国式现代化建设的蓝图已经绘就，进军的号角已经吹响。同学们作为未来国家发展和建设的主力军，不应该也没有理由选择“佛系”“躺平”，要在时代的洪流中找到人生的方向，坚定内心的信仰，在平凡的岗位中创造不平凡的业绩，在祖国和人民最需要的地方书写人生的华章！

19. 我们要追什么样的“星”

——“追星”在年轻人中十分常见，各个时期都有。值得注意的是，现在有些大学生追星追得有些偏执、狂热，出现了“饭圈文化”“粉丝互喷”等各种现象，产生了不好的影响。大学生应该如何看待追星？我们应当追什么样的“星”呢？

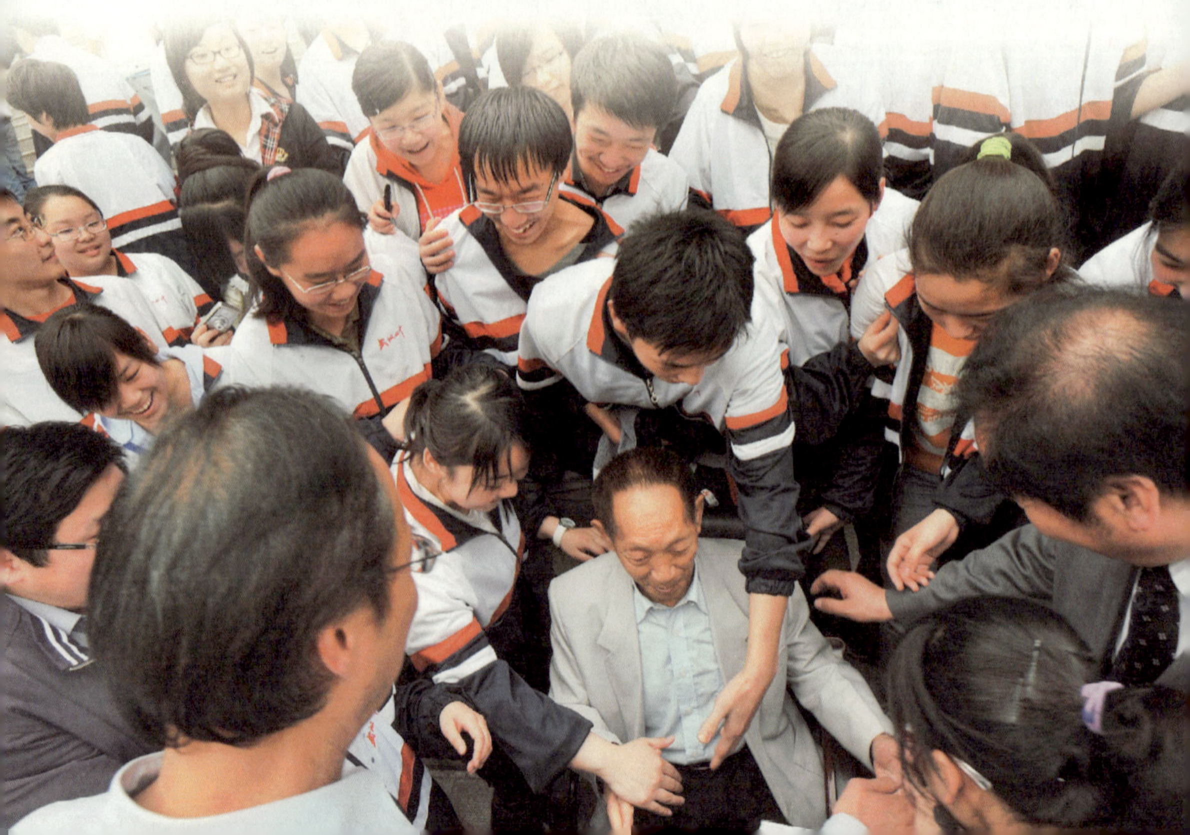

追星作为年轻人日常生活的一剂“调味品”，已经成为一种比较普遍的现象。一些家长“谈星色变”，社会上对此也有不少议论。为什么会有追星甚至狂热追星这种现象？怎么看待我们年轻人的追星行为？让我们揭开明星偶像的神秘面纱，走进这段独属于我们年轻人的心路历程。

青年群体中各种各样的“追星”

偶像是让人着迷的字眼，每一代人有每一代人的偶像，每一个领域都有让人崇拜的榜样。革命年代的年轻人把战斗英雄作为自己的偶像，新中国成立后的年轻人把各行各业的先进人物作为自己的榜样，改革开放后偶像和榜样的来源越来越多元化和生活化，影视明星也逐渐成了一种可以选择的崇拜对象。可以说，追星是年轻人特有的一段成长历程，是一段不可抹去的青春风景。

在这段看似充满着美好与激情的青春风景里，有许多不同的色彩。既有理性追星产生的鼓舞与激励，也有平和追星带来的宽慰与满足，还有狂热追星导致的行为失序与自我迷失。

许多同学选择积极向上、充满正能量的偶像，理性追星、正向仿效，获得成长发展的价值目标和有益启发。“感动中国”2004年度人物之一徐本禹去贫困乡村支教的故事，让一批又一批青年学子找到了青春奋斗的方向，以寒暑假实践、毕业实习、乡村教师支持计划等方式，参与到支教活动中。河北保定学院西部支教毕业生群体，更是获得习近平总书记的回信，总书记鼓励他们“到基层和人民中去建功立业，让青春之花绽放在祖国最需要的地方，在实现中国梦的伟大实践中书写别样精彩的人生”。

许多同学明白，追星可以作为日常生活娱乐方式的一种选择，以温和心态面对偶像，并从中寻求生活的启发。明星们丰富多彩的人生成长轨迹，创作或演绎的音乐、影视等作品，能够给予我们心灵的感动和精神的鼓舞，安抚我们在成长道路上遇到挫折时失落的心情，启迪我们更好地面对人生的挑战。邓小平就很喜欢在工作之余读金庸的武侠小说，认为既可以娱乐消遣，也能从书中人物的命运思考人生。他在 1981 年接见金庸时曾说：“你书中的主角大多是历经磨难才终成大事，这是人生的规律。”

当然，也有同学追星较为狂热。他们迷恋偶像的外貌、才华、个性甚至发型、衣着、举止、嗜好，以明星艺人为生活楷模，狂热参与公演现场、签售会、见面会；陷入为“爱豆”打榜、做数据、购买周边产品、制造话题、线下众筹等大规模集体活动。有些追星族把过度投入当作自己对偶像的重要支持，牺牲了大量时间、金钱，严重影响自身的正常学习、工作和生活。最为典型的案例就是，曾经有一位年轻女孩，为了追求自己爱慕已久的偶像而不惜盲目付出一切，最终她

粉丝追星现场

不堪重负的父亲选择跳海结束自己的生命。

由此可见，健康理性的偶像崇拜会带来调剂生活学习、抚慰内心世界、产生情感共鸣、激励自我成长的积极作用，但狂热追星并对偶像产生依赖，会对我们的现实生活和精神世界产生不良影响，甚至陷入迷失自我的怪圈之中。分析狂热追星的原因，认清应当如何对待“追星”是十分必要的。

追星现象为何会出现

大学生正处于人生成长的一个特殊阶段，逐渐脱离了父母和家庭，追求独特个性和自我发展的意愿不断增长，追求人生真善美的主动性和积极性正在不断增强。当自己的成长遇到挫折、繁重的学业产生压力、对未来的发展感到迷茫的时候，我们往往会选择一个成功的对象安慰自己、激励自己，也会选择一些娱乐活动释放自己的内心压力。所以年轻人追星无可厚非，每个人都有权利拥有心中的“白月光”，追求自己向往的真善美。

追星是我国文化发展环境日益宽松的一种社会表象。改革开放和社会发展导致文化生活越来越多样化，文化产品的生产和供给也越来越多样化，人们文化消费方式的选择也日益多样化。伴随社会审美变迁和新媒体技术发展，文化市场推出了各种类型的偶像，人们可以各凭喜好自由选择。从过去单一的“实力派”“颜值派”到现在丰富多样的“二次元”“虚拟化”“声控系”“养成系”等，丰富多样的偶像类型满足了年轻人群体追求个性、独特、潮流的心理特点，追星已经成为流行文化和时代元素的重要体现。

追星是文化娱乐产业快速发展的结果，而狂热追星则是市场炒作和资本运作的产物。随着文化娱乐产业的发展，偶像运营越来越趋向于商业化。在资本逻辑操控下，偶像运作呈现出商业化运营、流量化炒作、盈利化操纵等特征，并通过资本操作来实现商业转化。各类文化娱乐公司看到偶像运营背后的巨大利益，开始通过“造星”以及刻意营造的明星“人设”博取眼球，并在“眼球经济”的加持下获取丰厚的利润。这种“人设”刻意凸显明星某一方面的特质，对青年群体产生强大吸引力，其中不乏积极的因素，也有庸俗的甚至消极的东西。

追星并不是一种简单的个人行为，而是一种复杂的社会现象。狂热追星的背后，既有客观的社会因素和技术因素，也有娱乐市场和资本的推波助澜，更有年轻人社会经验不足容易被外在表象吸引的原因。看似简单的追星活动，看似主动的明星选择，实则是在娱乐资本和网络技术助推下，年轻人由于过度放大偶像光环、渴望追求融入“集体”而导致的一种被动卷入，实际上是一种个体的迷失。

狂热追星还会引发一些不良行为，如虚构偶像信息、攻击其他偶像粉丝、网络语言暴力等，并发展为“饭圈文化”“粉丝互喷”等现象，甚至可能导致个人的生活悲剧。有些艺人德不配位，一无作品，二无能力，三无正确价值观，动辄以“我这个地位”标榜，时不时拿流量数据作谈资，甚至刻意制造话题，故意挑起争端，鼓动粉丝参与骂战，充当“饭圈”乱象的推动者，这无疑会干扰年轻人成长和扰乱社会秩序。

健康地追星，快乐地成长

对于当代大学生来说，客观理性看待明星效应、正确追星是自身成长的必备能力。要坚持以正确价值观为引领，保持理性审慎的态度，把追星当作促进自己更加全面发展的外部激励，而不是遮蔽个人生活光芒的迷雾。

要用正确的价值观引导自己追星。同学们追星是希望在偶像身上找到自己需要的精神寄托，而不应陷入精神依赖甚至价值观扭曲之中。应该以社会主义核心价值观作为指引，选择那些大家公认的偶像和楷模，从他们那里获得正确的价值观导引和积极正向的精神力量。作为社会主义建设者和接班人，同学们要积极主动选择弘扬爱国主义精神、发扬中华优秀传统美德、体现新时代团结奋斗精神、展现社会公序良俗的先进人物、道德楷模、公众人物、优质明星作为心中的偶像和榜样，从他们的事迹和精神中获取正能量，鼓舞激励自身的成长和发展。

要用审慎的态度看待明星，用理性的行为追星。理智地欣赏明星是真正成年的一个标志，偶尔的打赏和支持是出于内心的喜欢，不计后果的狂热追求则是丧失理智和不负责任的一种“盲动”。勇敢面对现实生活是青年成功的唯一途径，追星是我们获得精神力量进而向着更理想的生活状态迈进的一种方式。如果沉溺在精神依赖的虚假现实里，就会忘记现实生活中奋斗拼搏的真实与美好。因此要学会理性客观、合理正确地追星，形成一种正向积极的追星态度和行为。

要在追星中成长进步，努力让自己成为别人眼中的“星”。与其深陷在追星之中不能自拔，不如用持续不断的奋斗和努力让自己成长起来、发展起来，让自己在专业学习、日常生活中成为社会、家人和同学点赞的“青春主角”。偶像和明星是广泛存在的，并非只有那些“网红”和“娱乐名角”值得我们追捧。反观现在各种“圈”里的一些偶像明星，只重流量、缺乏素养、更无信仰，大多如流星划过，

奋斗拼搏的青春

声名鹊起得快，销声匿迹得更快，留下的只不过是一地鸡毛、几粒尘埃。这样的“偶像”和“明星”难道值得我们付出真诚和热情吗？如果我们要去追星，何不选择对自己成长发展更有利的那种“星”呢？既能在先进榜样人物身上找到心理共鸣、情感依托，又能获得一种更加高级的精神力量，鼓舞和鞭策我们去努力和进取，把青春的梦想在向偶像看齐和努力拼搏中变成更加真实的现实，让我们自己也成为这个时代最闪耀的“青春之星”！

20. 拒绝道德绑架

——道德绑架社会上时有出现，在学习生活中也会碰到。例如，在公共交通工具上硬逼年轻人让座，而且态度粗暴；以弱者身份要求别人助学、捐款、借钱，认为理所当然，等等。应该如何看待这类现象呢？遇到这种情况又应该如何对待呢？

近些年来，道德绑架俨然成为社会关注的热点问题，引起了网络上下不少议论，甚至一度成为网络热搜词。正确对待这些问题，就需要我们对道德绑架有个全面的认识。

道德绑架的种种表现

不得不承认，近年来，道德绑架已成为公认的社会问题。比如，在公交车上，有的老人认为学生给自己让座理所当然，学生让座后老人非但不表示感谢，甚至对方动作稍有迟缓就恶语相向，说对方“不尊老”；有的人在高铁上被强迫换座位，如果不同意，就会被指责“缺乏爱心”“太自私”；在一些公共场合，“熊孩子”吵吵闹闹影响了公共秩序，其他人提请注意，孩子家长却“义正词严”地说“你这么大个人跟小孩子一般见识干什么”，说对方“不爱幼”；有车主的汽车被三轮车划伤，要求肇事者赔偿，却被指责“有钱人欺负穷人，不通情达理”。

类似现象在校园中也有表现。比如，有的同学出于好意帮宿舍同学带饭、打扫宿舍卫生，偶尔没有时间做，就被指责“不乐于助人”；有的同学擅自使用别人的物品，受到拒绝后还反斥对方“你太小气了”；有的同学认为班干部为自己服务“理所当然”，稍不如意就要抱怨，说人家“没奉献精神”；有的同学借了别人钱却迟迟不还，对方要求还钱时，却说对方“斤斤计较、不够哥们儿”；还有同学长期受到社会慈善人士的资助，毕业后仍然以“社会责任”为名，要求他人继续资助自己的生活，等等。

上述这些现象，都是以道德之名对他人施压，要求别人屈从自己的意志、满足自己的要求。这些人自认为占据道德的制高点，显得理直气壮，实则是对道德的玷污和损害。这些现象虽然在生活中并不是普遍的，但带来的影响却十分恶劣。它弱化了人们对社会道德的信心，对当事人的身心产生了十分不好的影响，对校园环境和社会氛围也造成了很大破坏。可以说，道德绑架是社会主义道德建设的“负能量”。对此，我们必须予以坚决拒绝。

道德绑架何以产生

道德绑架作为思想道德领域的消极面，它的发生有着多方面原因。

道德绑架是社会道德水平整体提升过程中的负面现象，其特点就是把道德工具化，利用道德谋取个人利益。在过去一个时期里，社会道德水平整体还不高，人们乘坐公共交通工具时经常是一哄而上，谁能抢到座位就是谁的，这种情况下，不仅很少有给人让座的现象，年轻人不给老人让座也不会被指责。随着社会主义道德建设的加强，社会道德水平普遍提升，年轻人给老弱病残孕让座已经成为一种社会风尚，这是社会进步的体现。但这时又出现了不正当地利用人们的道德情感的现象，有些人以道德为名强迫别人给自己让座，认为一切都理所当然，甚至连一句感谢都没有，就是突出表现。这种做法不仅不是维护道德，而且是对道德建设的严重破坏。因为它违背了“礼

貌谦让”这个道德行为基本准则。这类以道德之名行一己之私的做法，是对道德最大的亵渎。大学校园生活不是处在真空中，一些道德绑架现象在校园生活中也时有出现。道德绑架是令人非常不愉快的现象，但毕竟是社会道德建设中的支流、末流和局部现象，并不能代表社会主义道德建设的主流。

道德评价准则的不完善，是道德绑架得以发生的条件。道德的作用是调节社会关系，人们通过道德评价规范自己和他人的行为，进而实现社会的有序运转与人际关系的和谐。道德评价是针对所有社会成员的，既包括帮助者，也包括受助者。社会成员有帮助弱者、老人、困难者的道德义务，弱者、老人、困难者在接受帮助之后，也有对帮助者感谢、感恩和鼓励、弘扬这种行为的道德义务。如果道德教育只要求人们帮助他人，而不要求受助者对这种帮助表示感谢，不在全社会弘扬这种风气，那么向上向善的道德就难以为继，良性的社会道德氛围就不会形成，道德规范就会变味，道德绑架就会发生。人们从道德出发帮助别人，是建立在自愿前提下的，没有任何人拥有以道德之名索要利益和帮助的权利。道德绑架实质上是利用了人们的道德情感，将道德规范变成“为我所用”的武器。这种扭曲的行为，给道德建设带来了严重的破坏，是良好道德环境的侵蚀剂。

道德绑架没得到及时制止，是这种现象频频出现的社会原因。道德建设需要良好的社会环境和舆论环境，也离不开各方面的共同努力。对那些严重违背社会道德、有损公序良俗的行为，不仅需要社会管理部门出面制止，法律也应当予以规范。在相当一个时期，我们不太重视用多样化的手段维护社会道德，推动社会道德建设，违反道德的成本相对较低，这就为道德绑架提供了便利，使那些自私自利的人有机会实施道德绑架，而那些善良的人则有可能被道德绑架。在道德绑架发生并成为社会热点后，不仅法律、舆论及政府相关部门要及时发挥作用，社会公众人物也应当发声，否则就会造成被绑架者孤立无援，进一步助长道德绑架的气焰。

坚决有效抵制道德绑架

道德绑架对社会主义道德建设产生了消极的影响，会削弱人们对社会主义精神文明建设成效的信心。因此，必须高度重视、坚决抵制道德绑架行为。

加强社会道德秩序建设，营造道德发展的良好环境。道德绑架实际上是一些人为了满足自己物质或精神上的私利，以道德之名实施的行为。抵制道德绑架就要加强社会主义道德实践，提升全社会的道德水平，构筑良好道德秩序的“防火墙”。这是抵制道德绑架的治本之举。近年来，张家港永联村通过爱心互助街倡导团结互助，村民们在互助中提升文明素质；江苏、山东等地实行道德积分、道德银行，用积分激励人们遵守社会道德，助力形成良好社会风气，在提升社会文明程度方面发挥了积极的作用。这些创新性举措将道德实践寓于日常生活中，居民参与热情很高。大学生在校期间也要从我做起、从身边做起，既主动承担道德责任，又善于识别道德绑架行为，不为其所欺骗、不落入其套路，为营造校园良好道德氛围发挥积极作用。

道德绑架导致老实人吃亏、不老实人得利，抵制道德绑架就要管住那些“不老实”的人。要进一步推动社会主义道德建设与社会管理、社会主义法治建设相协调，使社会主义道德规范得到全面有力的支撑，及时把实践中广泛认同、较为成熟、操作性强的道德要求转化为法律规范。近年来，一些地方修订公共汽车、城市轨道交通、城市电车的法规和规范，北京、天津、南京、西宁等地先后出台了文明行为促进条例，对乘车霸座、遛狗不牵绳、公共场所大声喧哗、娱乐健身干扰他人等不文明行为给予处罚，纳入个人征信，甚至可能与招聘录用、职位晋升、积分落户等挂钩。这就把原来的公共道德要求上升为相应的地方性法规。加强这些做法，将有利于进一步遏制和消除道德绑架行为。大学生不仅要做社会道德的践行者，也要成为社会道德建设的推动者，要积极参与校园治理，主动抵制校园道德绑架，还要发挥自己的特长，积极为有关部门建言献策，用自己的学识能力助推道德建设合力的形成。

始终坚定道德信念，保持高尚的道德追求。道德水平必然伴随着社会发展不断进步。我国的社会主义道德作为一种崭新的道德形态，具有强大的道德力量。当然，社会道德的发展不可能是一帆风顺的，道德绑架作为社会道德进步中的消极现象，是社会道德发展中局部性、过程性问题。实际上，近年来道德绑架现象也引起了有关部门的重视，很多地方采用“组合拳”的方式传递社会正能量。杭州外卖小哥彭清林“跳桥救人”后，有些人也曾对彭清林是否会接受表彰奖励表示担心，担心他被网络“键盘侠”道德绑架。但是后来，当地政府部门对他及时予以表彰，新闻媒体也

外卖小哥彭清林担任杭州亚运会火炬手

全方位开展宣传报道，那些不当言论也就不攻自破、销声匿迹了。这些做法使善人善举得到了肯定，产生了良好的社会效果。大学生不能因为出现道德绑架，就失去对道德建设的信心，放弃自己的道德责任，应该始终坚持向上向善的道德追求，不断提高自身的道德境界，做良好社会道德的坚定践行者。

抵制道德绑架，做良好社会道德的促进者。大学生是国家和民族的希望，也是弘扬社会主义道德的先锋，应自觉抵制道德绑架行为。鲁迅曾说："今日我等若冷眼旁观，他日祸临己身，则无人为我摇旗呐喊。"在目睹道德绑架时，如果每个人都认为"事不关己"，当有一天自己遭受道德绑架，也很难想象会得到其他人的帮助。因此，在抵制道德绑架问题上，大学生不是局外人，而是行动者。要正确认识道德绑架的危害，努力成为良好社会道德秩序的维护者，对那些不良的社会现象，对身边发生的道德绑架行为，不能冷漠旁观，要勇于发声、敢于制止，更不能成为各种错误言行的推手。在遭遇道德绑架的时候，大学生要学会保持冷静，善于运用所学知识理性看待问题，不被那些不负责任的言论轻易"带节奏"。近年来，在一些关于道德绑架的热点事件中，有很多大学生网民及时表达自己的正确观点，这就起到了很好的舆论引导作用。在广大青年大学生和全社会的共同努力下，道德绑架的现象会越来越少，社会道德风气也一定会更加健康向上！

21. “传统文化热”面面观

——近年来，中华优秀传统文化持续升温，大学校园也出现了“传统文化热”。我们应该如何看待这种“热”？如何对待传统文化？

近几年，从诗词歌赋、文化典籍到非遗表演等，以传统文化为核心内容的文艺作品获得了年轻人的青睐，《中国诗词大会》《经典咏流传》等电视节目受到人们的热情关注。传统文化在青年群体中迅速走红，“传统文化热”持续升温，产生了广泛而深刻的影响。

我们身边的“传统文化热”现象

阜阳师范大学的学生正在手绘扇面

青年群体对传统文化的喜好由来已久。近年来，在国家的重视和相关部门的推动下，“传统文化热”在青年大学生中更是热度高涨，频频出圈。北京冬奥会开幕式上的“黄河之水天上来”“二十四节气倒计时”，在同学们心中留下别样的奥运记忆；《山河诗长安》《只此青绿》《唐宫夜宴》节目一夜爆火，《纸扇书生》和《洛神水赋》等表演获得了大家的超高好评；《国家宝藏》《典籍里的中国》《我在故宫修文物》等节目找到了全新的“流量密码”，激发了我们内心的民族自信；“当马克思遇见孔夫子”的话题引发了大家的广泛关注和讨论；网络短剧《逃出大英博物馆》的“文物归家”主题与家国情怀的深意打动人心，使得同学们纷纷“一键三连”，全网播放破10亿。

年轻一代与传统文化不断碰撞出新的火花。闲来无事逛博物馆，成了当代大学生的一种新选择。传统文化传承地和历史遗迹成了网红打卡地，国潮和国风成为旅游新风尚。中国国家博物馆、故宫博物院、陕西历史博物馆、三星堆博物馆等热门场馆成为许多年轻人选择中的“顶流”。三星堆博物馆宣传视频《仰观千秋，俯察万象》上线热播。

典籍热、非遗热、汉服热、民俗热、文博热、文创热……越来越多的传统文化开启“破圈之旅”，尤其在年轻人中刮起流行风潮。春和景明时，在街头或景区，身着汉服唐装的学生随处可见；剧场里，欣赏传统曲艺的年轻面孔越来越多；毕业典礼上，穿着马面裙完成毕业典礼成为一种新潮；河南打铁花、云南扎染、泉州簪花、苏州刺绣

故宫文创产品展出

等非物质文化遗产，成为青年群体中的“网红”体验项目；故宫博物院及其他博物馆的系列文创产品，获得了无数人的青睐；国乐、书法、茶艺、养生也引起了不少同学的兴趣。

面对“传统文化热”，同学们也发表着自己的看法。有的同学说：“最打动人心的还是传统文化！”有的同学说：“国风、国潮兴起，传统文化已经成为一种时尚潮流。”有的同学说：“‘传统文化热’是一场文化觉醒。”也有的同学表示了自己的疑惑：“这么强调传统文化，难道不是一种复古和倒退吗？”“现在有一些‘女德班’，宣传‘女人点外卖、不刷碗，就是不守妇道’，这不是一种落后观念吗？”“弘扬传统文化是抑制创新，还是有助于打开创新的空间呢？”上述议论表明，同学们在“热”中保持了“冷”，开始理性冷静地思考“传统文化热”，为此就需要探明“传统文化热”出现的原因。

为什么会出现“传统文化热”

之所以会掀起“传统文化热”，是因为传统文化本身具有重要价值。中华文明源远流长，中华文化博大精深。在交相辉映的早期人类文明中，只有中华文明一直延续至今未曾中断。无论是商周时代的青铜文化、春秋战国的诸子百家，还是闪耀青史的汉代雄风、四方朝贡的盛唐气象，都深深地镌刻于民族记忆之中，交织成中华文明的璀璨星河，成为世界文化史中的辉煌篇章。中华优秀传统文化是中华民族的精神命脉，是当代中国文化的根基，反映了我们独特的精神世界和价值追求，蕴含着光辉灿烂的思想资源和精神矿藏——丰富的哲学思想和处世智慧、高尚的道德情操和人生旨趣、超群的审美品位和艺

街头汉服背影

术追求……中华优秀传统文化以其悠久的历史、璀璨的成果、独特的魅力，潜移默化地影响着我们的思想方式和行为方式，也越来越在世界范围内展现出强大的吸引力和影响力。陈列在博物馆里的文物、埋藏在广阔大地上的遗产、书写在典籍里的文字、蕴藏在诗词中的情致、隐逸在书画中的灵思、内含在园林中的匠心、流淌在戏曲中的神韵……镌刻着我们的历史与过去，铭记着中国人的才情与品格，也吸引、启迪和激励着当代青年。

党和国家高度重视中华优秀传统文化的传承发展，使传统文化绽放出新的生机和活力。中国共产党人始终是中华优秀传统文化的忠实继承者和弘扬者。党的十八大以来，习近平的“文化足迹”遍及全国。从四川三星堆遗址到河南殷墟遗址，从山东孔府到湖南岳麓书院，从甘肃嘉峪关关城到福建朱熹园，从山西云冈石窟到广东潮州古城，从故宫博物院到中国国家版本馆……考察文化遗产、探寻文明根脉，展示了对中华优秀传统文化的高度重视，体现了发展当代中国文化的战略思考。从“三个独特”到“四个讲清楚”，从“创造性转化、创新性发展”到“第二个结合”，为我们正确认识和对待中华优秀传统文化，传承文物、古籍、传统艺术、民间工艺、诗词歌赋等提供思想指导。

全民族文化自信的不断增强，为“传统文化热”在大学生中持续升温营造了社会环境。文化自信的不断升华是我们这个时代的鲜明特色。近代中国在西方列强的欺凌下，国家蒙辱、人民蒙难、文明蒙尘，引发了深刻的文化危机，不少人失掉了文化上的自信。中国共产党带领人民团结奋斗，完成革命、建设和改革的历史任务，实现了中华文明的重新崛起，打破了长期处于主导地位的“西方中心论”，祛除了人们内心的民族自卑和文化自卑，使中华文化重新焕发了勃勃生机。中国特色社会主义的伟大成就，增添了我们文化自信的底气。中华民族迎来了从站起来、富起来到强起来的历史性飞跃，中国的国际影响力空前提升，世界话语权显著增强，中华文化的独特价值日益凸显。当代大学生作为“平视世界的一代”，在开放的信息环境和开阔的国际视野下体悟着中华优秀传统文化的智慧，以平和的心态感受着中华文化和世界文化之美。青年对中华优秀传统文化的热捧，既展现自我的审美品位和生活态度，更彰显自我的身份认同和文化认同。

关于“传统文化热”，同学们各种各样的思想困惑的产生，有着复杂深刻的原因。中华传统文化博大精深，不是轻易能够把握的。而且其中的精华和糟粕往往交织在一起，一些大学生缺少传统文化的根底，不善于用马克思主义世界观和方法论作出分析辨别。此外，当代“传统文化热”的现象多种多样，甚至鱼龙混杂，一些机构打着传统文化的名义进行炒作、牟利，加上“泛娱乐主义”“历史虚无主义”“文化虚无主义”等不良思潮的影响与裹挟，同学们倘若没有宏阔的历史视野和扎实的理论基础，就很难对“传统文化热”作出全面深刻的认识，自然就容易出现一些疑惑与误解。

我们该如何对待中华优秀传统文化

学习传统文化知识，不断提升自身文化素养。习近平深刻指出:“中华优秀传统文化是中华民族的文化根脉，其蕴含的思想观念、人文精神、道德规范，不仅是我们中国人思想和精神的内核，对解决人类问题也有重要价值。”同学们要看到“传统文化热”背后究竟“热”的是什么。“热”的不是花哨的形式而是深刻的内容，不是辞藻的堆砌而是厚重的文化底蕴，不是空洞的噱头而是磅礴的智慧力量，因此，面对“传统文化热”，不能浅尝辄止、盲目跟风，更不能过度娱乐化而解构深层意义。应注重其文化内核与精神实质，借着这股“东风”，认真学习传统文化，近距离接触、沉浸式体验、深入式品读、常态化学习文化典籍，深刻理解其中所蕴含的思想观念、人文精神、道德规范，自觉提高文化素质和道德修养，勤学善思、明辨笃行、明德格物、经世致用。

辩证看待传统文化，持续推进传统文化的创造性转化和创新性发展。传统文化有精华也有糟粕，不能简单照搬、唯传统至尊，搞文化复古主义。要坚持历史唯物主义立场，坚持古为今用、推陈出新，在薪火相传、代代守护的同时，实现创造性转化和创新性发展。传统文化究竟是创新的抑制性因素还是创新的源泉，关键在于人们对待传统文化的态度，在于人们如何运用传统文化。如果只是一味地固守传统而停滞不前、畏畏缩缩、封闭僵化，那就会成为创新的一大阻碍；如果能与时俱进，既懂得守正又不畏革新，那就会成为创新的巨大推动力量。只有坚持创造性转化和创新性发展，才是正确对待、继承和弘扬中华优秀传统文化的态度。创造性转化，就是要按照时代特点和要求，对那些至今仍有借鉴价值的内涵和陈旧的表现形式加以改造，赋予其新的时代内涵和现代表达形式，激活其生命力。创新性发展，就是要按照时代的新进步新进展，对中华优秀传统文化的内涵加以补充、拓展、完善，增强其影响力和感召力。只有如此，中华优秀传统文化才有生机活力，中华民族最基本的文化基因才能与时代相适应、与现代社会相协调。

坚定文化自信，自觉抵御文化虚无主义。当代中国的“传统文化热”并非文化复古，而是文化复兴。究竟是文化复兴还是文化复古，就要看是否对传统文化进行了创造性转化和创新性发展。文化复兴立足点是“今”，是古为今用；文化复古立足点是“古”，是今不如古。固守本民族的传统文化，不接受任何外来文化和新文化，甚至以传统文化否定当代文化，这是守旧主义和封闭主义的表现，也是文化复古的内核。同学们能够在“传统文化热”中理性思考、以史为鉴，看到“传统文化热”有可能走向文化复古的道路，是一件值得鼓励的事情。但与此同时，我们也要注意不能矫枉过正，陷入另一个极端或者掉入另一个陷阱，那就是全面否定中华优秀传统文化，看不到其中所蕴含的精华，一味地推崇外来文化。这实际上是一种文化虚无主义的典型表现。毫无批判地盲目尊崇、食古不化和数典忘祖、全面否定，都是错误的。

赓续优良传统，担负新时代的文化使命。荣获第 27 届“中国青年五四奖章集体”的四川大学三星堆遗址考古队，87% 的队员都是青年；“国风”变装博主朱铁雄，仅在抖音发布 20 余条视频作品就获得 1700 多万粉丝，被“央妈”认证为产量极低、质量极高的“魔法少年”；“90 后”古风美食博主李子柒，以中华民族引以为傲的美食文化为题材，演绎中华传统文化生活，受到国际网友的一致好评。中华优秀传统文化不仅要“热”起来，更要“传”下去。青年一代不仅是“传统文化热”的见证者和参与者，更是传承和弘扬中华优秀传统文化的生力军。要自觉赓续优良传统和中国精神，积极弘扬和传播中华优秀传统文化，讲好中国文化故事，向世界展示中国价值和中国成就。

22. ChatGPT 意味着什么

——随着人工智能技术的发展，ChatGPT 在大学生中“ 出圈 ”。以 ChatGPT 为代表的生成式人工智能，对大学生究竟意味着什么？如何积极应对人工智能等新技术的发展，既抓住机遇，又不为其困扰？

2022年11月30日，ChatGPT（Chat Generative Pre-trained Transformer）即聊天生成预训练转换器一夜间火爆全球互联网。生成式人工智能展开了人类学习、工作和生活方式全新的图景，标志着人工智能技术新纪元的到来。这股风潮对大学校园也产生了冲击，不少学生成为这股新风潮的追捧者，也有不少同学对这种新技术及其对自己未来职业的影响产生困惑。如何认识ChatGPT及其影响，是需要我们认真思考的问题。

对 ChatGPT 的种种看法

作为一种前沿的自然语言处理人工智能，已经被对新事物最敏感的大学生们迅速收入囊中，大学生们尝试着利用人工智能技术来丰富学习生活。

有的同学说ChatGPT像是“全能网友”，能够“说人话”，随时“可唠嗑”，对各种问题应答自如，无论是回复邮件、查询天气，还是提供休闲娱乐方式，都得心应手。

有的同学则把ChatGPT当作“作业神器”，利用其制表格、写代码，甚至完成作业、代写论文，将其作为一种投机取巧的手段，变成一种“作弊工具”。

但也有同学担忧，ChatGPT是否会成为未来自己谋求工作岗位的障碍，

给未来的就业前景带来冲击，引发“饭碗危机”？

有同学表示，使用 ChatGPT 虽然做作业轻松了，从表面上看它所生成的文章面面俱到，也很通顺，但所提供的认知是常规的、陈旧的、平庸的，无法体现时代的新学术、新思维、新问题。

还有的同学说，在 ChatGPT 生成的内容中，明显有西方话语和概念的印记，在一些问题的价值判断上也体现着西方的标准，长期使用甚至依赖会不会产生不良影响？

以上种种现象，表明了 ChatGPT 可能是搅动校园的一条“鲶鱼”，带来了多方面的影响，成为我们不可回避的问题。如何认识人工智能新技术带来的“双刃剑”效应；如何适应人工智能技术快速进入学习生活，使用好这个工具；如何从现在起全面提高自己的能力素质，适应未来人工智能技术发展给我们带来的新挑战、新要求，需要我们对这些问题作出回答。

ChatGPT 为什么会在大学生中“出圈”

ChatGPT 作为一项引人注目的人工智能技术，是科技创新的前沿表现。其强大的对话能力满足了大学生的需求。作为一种普惠性的人工智能技术，ChatGPT 的语言智能技术突破了以往的局限，在与用户的自然对话中完成了一系列惊人的任务。我们必须认识到，ChatGPT 汹涌而来，是科技发展和历史发展的必然趋势，是无法阻挡的技术潮流，具有某种必然性。同时，它又是一种为我们的学习、工作和生活进行服务的强大科技工具，具有典型的工具属性。也要看到，伴随它而来的是价值、文化、思想方面隐蔽的渗透和强势的占领，具有意识形态属性。作为大学生，我们一定要看到 ChatGPT 流行背后的深层次影响，既要看到其带给我们的各种便利，也要看到它可能带来的各种风险挑战。

ChatGPT 在大学校园受欢迎，其中一个原因是部分同学把它看作“作业神器”。现在，许多同学面临着繁重的学业压力，于是希望找到一个能够减轻负担的工具，而 ChatGPT 能够帮助同学们查找参考资料、解释复杂概念，甚至指导学习计划、帮助完成作业，自然而然在大学生中受到热捧。但要看到，这种“作业神器”在为一些同学减轻负担的同时，也可能成为“学业枷锁”甚至“作弊工具”。有些同学将大部分的学业任务交由人工智能代为完成，这样固然减轻了自己的负担，却也失去了通过自己努力学习去获得知识的过程，这种投机取巧的做法不利于同学们的成长。用 ChatGPT 代写作业，理工科学生的独立思考能力和创新能力容易减弱，文科学生容易失去进行逻辑训练、总结提炼知识、保持批判性思维的能力。更值得关注的是，由于人工智能生成的文本汇聚了多个来源的信息，知识产权的归属变得复杂而模糊。这样，原本作为我们探索知识的学习工具，就可能变成一个错误的导航，使我们走向学术的歧途。

ChatGPT 表现出的强大能力，使一些同学对自己未来职业发展产生了新的紧迫感。在数字化浪潮中，以 ChatGPT 为代表的人工智能技术的崛起，让同学们既充满期待又感到震撼。毋庸置疑，这场人工智能新技术的爆发催生了新兴职业，如技术工程师、数据分析师等，为同学们提供了更为广泛的职业选择。同时，这种人工智能的发展也给传统职业带来了巨大的威胁，比如，图书出版、新闻编辑、文艺创作、语言翻译、计算机编程等岗位有可能失去竞争力，成为所谓新的

“无用行业”，相当一部分人可能面临“饭碗危机”。

ChatGPT 受到大家的关注，还有一个重要原因，就是它本身也可能成为价值观的一个载体，它提供的“各种答案”有时不仅仅是“答案”，而且隐含着思维导向。ChatGPT 这类生成式人工智能貌似一位细心的“智力助手”，能够融入同学们的学习和生活，以独特的方式洞察同学们的需求，并提供精准解答。然而，在“各种答案”的背后，可能隐含着价值渗透。作为美国科技发展的前沿产物，ChatGPT 如同一条暗流涌动的河流，将自身携带的西方价值观以算法推荐、信息茧房、知识轰炸等方式，不知不觉地注入生成的内容中。这条看似清澈的河流，或许在不经意间就会出现一片浑浊，干扰人们的判断，影响同学们的价值取向。

如何积极应对生成式人工智能给大学生带来的种种挑战

ChatGPT 的“双刃剑”特点受到各方面的重视，世界许多国家都出台了相应的管理措施。2023 年 3 月 27 日，日本上智大学在其官网上发布了有关使用 ChatGPT 和其他人工智能聊天机器人的规定。该规定明确，未经导师许可，不允许在任何作业中使用 ChatGPT 和其他人工智能聊天机器人生成的文本、程序源代码、计算结果等。如果被发现使用了这些工具，将会受到校方的严厉处罚。2023 年 3 月 31 日，意大利个人数据保护局宣布，即日起禁止使用聊天机器人 ChatGPT，并限制开发这一程序的公司处理意大利用户信息。

2023 年 8 月 15 日，我国开始实施《生成式人工智能服务管理暂行办法》，强调坚持发展和安全并重、促进创新和依法治理相结合的原则，采取有效措施鼓励生成式人工智能创新发展，对生成式人工智能服务实行分类分级监管。作为大学生，我们更应该理性对待生成式人工智能，严格遵守国家和政府相关部门的规定，用好生成式人工智能。

生成式人工智能广泛进入大学生的学习生活是一个必然趋势，大学生要积极掌握、正确对待，使之成为提升学业的“好助手”。要提高对数字信息的获取、理解、整合能力，识别比较数字信息以分析其逻辑性和真实性，在完成课程作业过程中对数字信息进行整合与反思。要提升科研诚信和学术规范素养，让生成式人工智能的使用符合学术规范。必须增强学术诚信意识，审慎接受生成式人工智能对学业的帮助，确保技术的使用不会破坏学术诚信。要提升创新思维能力，用“人的智能”科学驾驭“人工智能”。在学习中，同学们应以提高自己的创造力为主，以生成式人工智能为辅，让自己勇当“主攻手”，让生成式人工智能巧当“助攻手”。

要清醒认识 ChatGPT 背后隐藏的“价值渗透”，科学辨别和自觉抵制一些错误价值观的影响。在使用 ChatGPT 时，防止落入其背后的价值观“陷阱”。应始终坚持社会主义核心价值观，始终保持清醒头脑，学会质疑、学会反思、学会批判，防范其背后的算法投喂、信息茧房、知识拼切对我们的价值渗透、思想误导和安全威胁。要坚定中华优秀传统文化自信，坚守中华文化主体性地位，防止资本逻辑、娱乐文化、消费文化利用人工智能对我们的思想文化阵地进行侵蚀。

身处信息技术革命时代的大学生，应当不断提高自己掌握新技术的综合能力，更好地适应人工智能、5G、云计算、大数据等在职业领域广泛运用的新技术。密切关注就业市场的新趋势新要求，特别是

用人工智能工具生成技术辅助创作的数字艺术作品

敏锐洞察和把握高新技术在职场上的新运用，全面提升自己的学习能力、反思能力、创新能力、交往能力，为实现高质量的就业奠定基础。要注重培养自身的就业核心竞争力，关注行业未来发展的趋势和规律，增强自身的全方位素质，善于转“危机”为“新机”，使自己在新的就业环境下成为时代“弄潮儿”“佼佼者”，真正成长为可堪大用、能担重任的时代新人。

23. 如何适应快节奏的校园生活

——现在社会节奏很快，大学生活也是步履匆匆。许多同学常常感到很忙，但又觉得缺少获得感和满足感，忙碌而不充实。一些同学因此陷入迷茫和焦虑。对此该如何应对呢？

2023 年 10 月，一则视频《大学生究竟有多忙》在哔哩哔哩爆火，让一众大学生深有同感。在校园里也经常听到有些同学说：“每天时间安排得很紧，目标很多，但忙来忙去，却感觉心里空空的，没有什么收获。”那么，究竟为什么会产生这种现象，大学生如何从中“突围”成为需要解决的问题。

无序忙碌的烦恼

当奋斗成为青春的主题，忙碌便成了学习生活的常态。课堂学习、社团活动、讲座研讨、社会实践、考研考公等填满了大学生活。然而，这种忙忙碌碌的生活，却给大学生带来了很多烦恼。

有的同学说，高中忙得明明白白，大学忙得莫名其妙。“填不完的表格，加不完的群，投不完的票，交不完的截图”是同学们共同的“槽点”，常常有同学打趣道：“第一课堂还没上明白，就得去上第二课堂。”“在各种规定性动作下，我们真的能有收获吗？”

有的同学看到别人参加社团活动，也要跟风参加；看到其他同学考各种资格证书，也不加考虑跟着去考；到了毕业年级，莫名其妙地卷入考研考公的浪潮……有的同学的口号是“别人干什么我就干什么”，结果是从众不从心。

有的同学信奉成功至上，抱着功利主义态度，忙着寻找刷高分、赢奖学金的秘籍，甚至还总结出前排露脸法、课后闲聊法、网络交际法等所谓奇门妙招，总想走捷径、抄近道，结果表面上达到了一些目的，但并没有得到真正的成长。

有的同学在图书馆里看似一坐一天，一会儿刷手机、一会儿找资料、一会儿做计划、一会儿听音乐、一会儿神游天外，结果时间过去了，什么收获也没有。有的同学尽管在朋友圈常晒“战略性”的忙碌，说自己“累死了”“我裂开了”，实际上虚度时光、蹉跎岁月。

上述这些忙而无获的现象，反映了部分同学对自己的学习和生活没有方向感，不善于规划，不善于取舍，往往忙忙碌碌，什么都抓又什么都没抓住。这种无目的、无意义、无方向的忙碌只会让同学们徒增迷茫和焦虑。

我们很忙，但为何获得感低

青春往往伴随着迷茫，但每一代人的迷茫各有不同的色彩。忙而无获是当代一些大学生特有的一种迷茫。这就引发我们追问：“忙了，为什么还不充实？”

从客观原因来看，面对“加速度”的社会，许多大学生不清楚自己是否有能力应对变化莫测的外部世界，于是用“无情的内卷”努力提升自己，给自己附加各种压力，以至于负荷超载、效率降低。“大学生边骑车边用电脑”的照片火爆出圈，“只要卷不死，就往死里卷”“不内卷、就出局”等“卷王宣言”成为这种焦虑、恐慌、无奈的体现。这种过分的忙，也有来自学校、社会、家庭施加的压力。有同学调侃“中小

疲惫的年轻人

学在‘双减’，我们却在‘双增’”，面对学业压力、就业压力的层层加码，今天的大学生们呼喊着“压力山大”！

高中时期的目标是明确的、路线是清晰的，考上一个好大学是大家忙碌的主要方向。上了大学后，人生选择变多了，不确定性变多了，隐性的任务也变多了，就好比穿越一片原始森林，其中蕴含着各种风险和可能。有的目标模糊，很容易迷失方向；有的道路不清，变数太多，结果超出承载，事倍功半；有的把次要目标作为主要目标，结果“捡了芝麻丢了西瓜”。事实上，很多“卷起来”的忙碌在某种意义上是“随波逐流”的忙碌，不仅会使我们手忙脚乱，而且忙而无获，徒增焦虑。

忙而无获也与同学们的主观心理、掌控人生的能力不足有关。大学不仅是学习新知识的新阶段，大家也面临着更好地独立生活、自我管理的新考验，对自制力、选择力、意志力等也提出了更高的要求。妥善处理学习、工作、人际关系等都需要科学方法，方法得当才能提高效率、事半功倍，反之则可能瞎忙一通、劳而无功。在明确了自己的目标和追求之后，还要有“咬定青山不放松”的坚定意志。很多目标的实现，很多人生的追求，都不会一帆风顺，都有可能遇到各种挫折、干扰、诱惑甚至意外。缺乏意志和恒心，不善于解决前进中的困难，就很容易半途而废、无功而返。有些同学受“成功学”或“一夜暴富”等思想的影响，潜意识里认为成功信手拈来，幻想不需要付出太多的努力就能取得成功，意识不到这种投机心理有可能带来更大的挫折，让人付出更大的代价。

如何才能忙得充实

新时代是奋斗者的时代，青年大学生要做时代的奋斗者，把青春华章写在祖国大地上。要善于把握好学习生活的节奏，规划好大学的时光，做到忙而有序、忙而有恒、忙而有获，让奋斗结出果实，让青春焕发光彩！

要科学认识和积极应对外部环境的变化。我们处于百年未有之大变局，大到世界之变、时代之变、历史之变，小到人才标准之变、专业发展之变、就业环境之变。正所谓“贤者预变而变，智者知变则变，愚者见变不变”，面对种种变化，我们要做到准确识变、科学应变、主动求变，主动了解和积极把握“时”与“势”，把大学生活安排得明明白白，把自己的人生道路理得清清楚楚，以积极奋斗的姿态高扬理想的风帆。

要善于制定清晰合理的目标和规划。人生是“旷野”而不是“轨道”，每个人的人生道路都是自己走出来的。目标明晰、方向明确，就能走得好、走得顺、走得有成效。要形成清醒的自我认知，了解自身能力状况，明晰自己的理想抱负，并据此设定目标，绘制适合自己人生的“路线图”。有了清晰目标后，要围绕目标做好“施工图”，把远大目标具体化。要根据“路线图”和“施工图”，抓住主要目标又顾及次要目标，按照轻重缓急安排好自己的时间和精力。要处理好忙碌与闲暇的关系，在一张一弛中以更饱满的精神状态投身奋斗。

要做到脚踏实地、忙而有恒。真正事业上有所成就的人，都要付出扎实的努力，人生道路上从来没有捷径可走。要始终坚守自己的目标不受各种诱惑和干扰的影响，拒绝拖延，做个“行动派”。西方一些人虽然鼓吹“快乐教育”，但实际上他们培养出色人才的精英教育，也是要求很高甚至很严苛的。古今中外，每一个有所成就的人都付出了自己的艰辛努力。马克思为了撰写《资本论》这部“工人阶级的圣经”，付出了自己毕生的心血，甚至牺牲了自己的健康。他几十年如一日进行艰苦的理论探索，在大英博物馆阅读和摘记的书就达到1500多种，甚至在他长期读书的桌下留下了深深的痕迹。一个人的意志力和耐力，往往决定他能否取得成就和取得成就的大小，我们要锻炼不惧困难、勇往直前的毅力，在矢志奋斗中实现人生的目标。

2019年，第十六届江苏省高校大学生物理与实验科技作品创新竞赛在江苏镇江举行

奋斗本身就是一种收获，奋斗的过程就是充实人生的过程。奋斗者在精神上是富足的，也是最懂得生活、最懂得幸福的。在奋斗的过程中，能够得到成功的喜悦，也会遇到一定的挫折和困扰，无论是成功的喜悦还是挫折和困扰，都是人生的一种收获。“酸甜苦辣都是人生的营养。”当我们的内心被“自己比别人差”的想法所占据时，要告诉自己，每个人都有自己的精彩，每个人都有自己的成功，我们既要学会见贤思齐，也要学会自我激励。当纠结于自己取得的成绩大小时，要放眼长远、摒弃功利，努力当下、收获未来，跑好人生的每一场比赛，以清醒的认识与不懈的奋斗创造人生的“真收获”“长收获”“大收获”。

24. 如何对待校园竞争

——现在社会上竞争很激烈，校园里也要面对很多竞争。如何看待这种竞争？如何处理与同学之间的竞争关系？怎样形成竞争与合作的良性互动？

大学阶段是人生的美好时光，同学们享受着与同龄人思想的碰撞，也感受着相互激励、共同进步的温暖氛围。但是社会上的竞争延伸到校园，让同学们承受着竞争的压力，如何正确看待和处理竞争是同学们的人生必答题。

大学生活中的各种竞争

大学生活是丰富多彩的，竞争也是多样的，有的是共同进步、令人愉悦的竞争，有的是带来烦恼、带来困扰的竞争。竞争可以催人进步，也可能具有破坏性，同学们对竞争的看法也不尽相同。

大学生在图书馆中复习备考

有的同学说，结束高考进入大学校园，本以为可以喘口气、生活得轻松一点，没想到又进入新一轮“争先恐后”的生活状态。拼学分绩点、竞选学生干部、参加各种竞赛、申请各种“科创”项目、评奖评优、推免保研、考研考公等，要争的东西太多，压力太大了！

有的同学看到别人比自己成绩好、获奖多，不能泰然处之，妒意顿生，内心充满了不服；有的同学把有竞争关系的同学当成对手，担心被别人超过，处处提防戒备，内心总是惴惴不安。

还有个别同学以错误的方式对待同学之间的竞争，为了胜出使出各种花招，甚至采取散播谣言、恶意举报等错误方式，既给同学带来伤害，也恶化了同学关系，损人不利己。

上述这些现象，虽然并非校园里的主流，但确有存在。这些负面的现象严重破坏了校园竞争氛围，对同学们的身心健康也产生了极其不好的影响。我们要认真分析这些现象产生的原因，树立正确的竞争观，最大限度地避免出现不当竞争。

不当竞争产生的原因

同学之间所表现出的各种不当竞争，不是孤立的，而是社会与个人等多种因素共同作用的结果。

社会竞争压力及不良竞争风气对同学们产生了影响。在我们的生活中，从幼儿入园到选校升学，从求职就业到升职加薪，竞争无处不在。有些规则和机制设计不尽合理，把人们存在的差异变成了利益竞争。个别靠不正当手段胜出的情况也时有出现。同学们生活的大学不是与世隔绝的“桃花源”，社会竞争压力和不良竞争风气也会侵扰校园。用人单位招聘条件越来越高，“好”工作岗位有限，同学们只能根据要求积极准备“入门”所需的条件，做好各种应对。有的同学说，“我不怕竞争，就怕不公平的竞争”，有的招聘看似公平，实际操作中却实行着一些“隐形规则”，比如第一学历成为一些同学求职路上的“拦路虎”，让人感到无奈，感慨“一步赶不上，步步赶不上”。这些体验、观察、思考会影响同学们在竞争中的表现和对竞争关系的处理。

有的同学忽视了人生的丰富性，将竞争简单化为生活的唯一内容，严重扭曲了人生的意义；有的同学将竞争绝对化，只是看作“争高下、决胜负”，没有看到竞争还关乎参与各方关系的处理，更没有意识到胜负有时并不在于一得一失之间；有的同学只看到和夸大了竞争的消极性后果，没有看到竞争可以激发人前进的动力、调动人的积极性、开发人的潜能；有的同学没有将竞争看作个人全面发展的机会，事事计较、样样争斗，结果可能赢得了一场竞争，却失去了更多的发展机会。这些都是对竞争的片面性、极端性见解，结果往往背离了自己参与竞争的初衷。

西方社会流行的极端个人主义、利己主义也对同学们的竞争观念产生着不良影响。一些资本主义国家在竞争中大搞零和博弈，信奉“社会达尔文主义”“丛林法则”，认为“人对人是狼”“他人即地狱”，实行“赢者通吃”。我国社会上一度被某些人追捧的“厚黑学”“成功学”，也是这些错误思潮、错误观念的反映。极端个人主义和利己主义将个人利益作为出发点和归宿，将满足个人需求作为最高价值和目的，他人和社会只是达到其个人目的的手段，在竞争中采取“损人利己”甚至“损人不利己”的手段。这与社会主义所倡导的集体主义是相违背的，严重破坏健康竞争的良性氛围，造成无谓的消耗、关系的紧张，最终也不利于个人和社会的发展。

正确对待同学间的竞争

能否处理好与同学的竞争，关系到个人的健康成长，也关系到能否建立和谐的人际关系，需要认真对待。

要深刻认识人类社会中存在的竞争现象，树立正确的竞争观。竞争是人类社会普遍存在的现象。国家之间、各地区各领域各行业间都存在竞争。市场经济的发展，尤其是经济全球化将竞争推到了一个新的阶段，使任何地方任何人都不能避免。竞争的出现，是由人类生存本能驱动的，因为资源相对匮乏，发展空间有限，不能同时满足所有人的需要，这就会产生胜者优先的竞争。这种竞争遵循丛林法则，是动物水平的竞争。与此不同，我们社会鼓励的竞争，是为了激活各系统各部门的创造力，提升人们向上的积极性，充分发挥人们现有的能力，开发人类自身潜力的竞争。这种竞争以促进社会和个人的全面发展为目的，不是丛林里的竞争，其作用是鼓励先进，激励大家共同进步。在人的一生中，竞争往往是全面的、长期的，“人生赢家”蕴含着“不以一时一事论英雄”的价值观。竞争看似与他人比试，实质也是不断与自己较量、弥补自身缺陷、寻找自身增长点、壮大自己力量的过程。处理好竞争与合作的关系就获得了促进自己成长的重要推力。良性竞争与合作彼此促进、互相成就。屠呦呦带领自己的团队发现和提取青蒿素，就是在全国 60 多家科研单位竞相研发、协力攻关的背景下

屠呦呦

完成的。正是这种争先与合作的机制，推动了我国抗疟药物研发的进程。现代社会分工越细，越需要同事之间精诚合作，而且跨部门、跨单位、跨专业的合作与良性竞争也不少见。大学生在竞争的同时，要提高合作意识、培养团队精神，这是适应社会、融入社会不能缺少的素质。

要避免不正当竞争，更不能搞你输我赢、两败俱伤的竞争。市场经济中的有些竞争是很残酷的，但我们不能把市场竞争法则引入校园中，同学间的竞争不能“你死我活”。通过隐瞒信息、故意给别人设置障碍、抹黑他人、抄袭他人，运用贿赂等手段来拖延别人、消耗别人、败坏别人，从而增加自己胜出几率的不正当竞争，既浪费了时间、消耗了精力，也不利于自己的进步及同学间的和谐相处，有些做法甚至涉嫌违法。这样的做法不但输掉了竞争，也输掉了自己的人品人格，更可能毁掉自己的前程、葬送自己的人生。因此，我们必须守住道德与法律的底线，抵制各种诱惑，摒弃恶性竞争，堂堂正正做人。

学会欣赏他人，远离“嫉妒恨”。羡慕优秀的人是人之常情，而“嫉妒恨”则是一种负面的情绪，会给人际交往带来障碍。当嫉妒情绪出现时，就要警觉自己在某些方面与他人还存在差距，自己的能力一时还达不到别人的水平。这时，需提醒自己尽快把嫉妒的负面情绪转换成向他人学习、奋起直追的内驱力。一味地“嫉妒恨”会扭曲人的心灵，严重时还可能令人失去理智，伤己伤人。能欣赏他人是一种胸怀和境界，表明一个人既关注到了他人所具有的优势和取得的成绩，也清楚自己当下的不足；既替他人高兴也不因此而自卑自责，还能认识到自己的特点与优势，从而找到自己努力的方向和着力点。能欣赏他人的人一定是成熟而自信的，也是能处理好竞争关系的人。羽坛名将林丹与李宗伟赛场上是对手，赛场下是朋友。林丹多次战胜李宗伟，但李宗伟对林丹总是充满感谢：“他是我一个很伟大的对手，没有他，我觉得我也不会如此刻苦地去训练。”林丹也说：“因为有他，我的冠军才有更高的含金量。”他们“棋逢对手”，共同为世界奉献了多场高水平的比赛，成就了一段佳话。总之，既然竞争必须面对，那就让我们坦然面对，以合情合理合法的方式去竞争，在竞争中激发前进的动力，在竞争中赢得友谊、合作与美好的人生！

25. 你“社恐”了吗

——有同学说，我既渴望得到友谊又害怕与人交流，一到公共场合活动就很不自在，这是不是“社恐”？什么是“社恐”？如何摆脱这种状态呢？如何克服参与人际交往的心理障碍？

2021 年，《中国青年报》面向全国大学生开展了一项关于“社交恐惧”的调查，所回收的近 5000 份有效调查问卷中，有八成大学生表示自己有轻微的“社恐”，7% 的大学生自感“社恐”较严重，还有 0.64% 的大学生被医生确诊为“社会交往恐惧症”。这表明“社恐”已经成为大学生群体中不可忽视的现象。

“社恐”有哪些表现

“社恐”是社会交往恐惧症的简称，属于神经症中的焦虑症，多发生在 17—30 岁，大多指在某一种或多种人际处境中有强烈的忧虑、紧张不安或恐惧的情绪反应和回避人群的行为，并伴随生理上的反应，如心悸、发抖、出汗、呼吸困难、结巴等，严重时会导致自我封闭、与社会隔离。大多数同学自认为的所谓“社恐”还远到不了这个程度，只是处于一种渴望获得友谊又害怕与人交往的矛盾状态，只能算是一种社会交往的不适应。

有的同学长期沉溺于网络中，把自己的学习生活和精神世界都寄托于虚拟世界，“线上社牛、线下社恐”。在网上像个“话痨”，俨然是“社交达人”，但线下是个“闷葫芦”，见人就手足无措；有的同学出门就戴着一副耳机，人前总是刷着手机，看起来很忙的样子，实际上是自我封闭，自己限制了自己。

有的同学明明心里有想法，渴望与别人分享，当众却不敢发言，总是担心“说不到点子上，被老师同学耻笑”，欲言又止成为常态；被老师提问时，心里紧张，总是磕磕巴巴、词不达意，坐下就懊恼自责；上台做展示，瞥见台下同学的目光和举起的手机，担心“窘态”

被“发圈”，慌乱中前功尽弃。

有的同学希望参加朋友聚会，见到陌生人又非常紧张，唯恐出现“社交卡顿”、冷场；参加集体活动时不善于融入群体，也不知如何结交新朋友。

有的同学有了心仪的异性朋友，但“爱在心头口难开”，单独相处时会局促不安，甚至只要有异性在场就感到不自在。

这些所谓的“社恐”现象，反映了某些同学在社会交往中存在心理和经验上的不足，这虽然不是什么大问题，但任由其发展会影响自己融入社会，也可能导致身心健康问题。同学们既要高度重视，又不需要过分焦虑，要积极分析原因，寻找对策，早日从不适应中走出来。

“社恐”是如何产生的

“社恐”之所以在一定范围内存在，是因为受到社会环境、教育方式、个人成长经历、自我调节能力等多种因素的影响。

经济社会的快速发展、生活节奏的加快，导致社会交往关系和交往方式发生变化，这是“社恐”产生的重要社会因素。现代社会竞争激烈，人们普遍感觉到“累”。许多人忙了一天后筋疲力尽，进家门就“葛优躺”，通过刷手机来放松。网络的发达、智能终端的普及、网络资源的丰富，恰恰为这种“毫不费劲”的放松提供了条件。同时，互联网和物流业的发达，为解决生活所需，进行远程办公、学习、交流提供了莫大便利，也导致出现了“可以不和别人打交道”的新的生活形态。这改变了以往面对面社交的必要性，也导致了大量“近在身边的陌生人”和“远在天边的熟人”现象的发生。这种线上与线下情况的叠加导致了人们的“社恐”。这种现象也影响到大学校园。

教育领域存在着重升学考试、轻社交能力培养的问题，使大学生缺乏人际交往的技能与知识储备，是“社恐”产生不能忽视的原因。我国历来重视教育，家庭和学校尤其看重孩子的升学教育。但在一些学校，与升学考试有关的知识学习受到了相当的重视，而那些有利于提升学生综合素质的实践知识则容易被忽略。许多家长希望自己的孩子多才多艺，而社交能力的培养经常不在其“才艺”之列，这就造成中小学生普遍缺乏人际交往的技能和知识储备。大学虽然开设了面向全体学生的心理健康课，但因种种原因，这门课程难以完成弥补同学们人际交往知识缺乏的重任。现在的大学生多是独生子女，家庭内缺少同辈互动的经验，这种特殊成长环境给今天的大学生留下了一个“人生短板”，也是导致一些大学生产生“社恐”的原因。

大学生自身存在的问题也是“社恐”产生的一个原因。有些同学缺乏自信，看不到自己的特长与优点，对自身存在的不足又过分在意，习惯用自己的短板与他人的特长作比较，不敢主动交往。有些同学在交往上过于追求完美，把交往成功的标准定得过高，把交往失败看得过重，以至于自我设限、“心魔”重重。还有一些不合理的观念也阻碍着同学们的交往，有的认为参加集体活动都是些“无意义”的社交，有的认为“我不善于人际交往，将来找份与人打交道少的工作就可以了”。

如何克服人际交往的障碍

严格来说，一定程度的“社恐”是每个人都可能会产生的心理体验，关键在于自己是否有意愿走出“社恐”，努力去克服人际交往障碍。

深刻认识人际交往的重要性，树立正确的交往观。人们对人际关系的重视和对友谊的渴求是由人的社会性决定的。“人的本质不是单个人所固有的抽象物，在其现实性上，它是一切社会关系的总和”。社会关系包括许多内容，通过社会实践中的人际互动才能形成。人们对人际交往和友谊的渴求贯穿一生，是任何其他需要的满足都不能替代的。马克思将人的需要分为生存的需要、享受的需要和发展的需要三个层次；马斯洛则把人的需要分为生理需要、安全需要、归属与爱的需要、尊重的需要和自我实现的需要五个层次。但无论怎样划分，人们对友谊的渴求都蕴含其中，且只有通过社交实践才能实现。实践的内涵是广泛的，但科学研究、生产活动和社会生活是人们最直接、最基础的实践。网上交往只能是一种虚拟的、间接的实践，不能代替直接的、基础的实践。如果沉溺于网络生活和网络社交，抛弃网下生活和网下交往，生活不仅是不完整的，而且会带来很严重的危害。要破除不合理观念，学会运用辩证思维，网络上下适当切换、融合，才是实现个人全面发展的正确途径。

增强自信，积极主动地开展人际交往。“人的自信不是因为你最好，而是因为你认为自己足够好。”在任何时候都能全面正确地认识自己、不断完善自己、找到自己的增长点是自信的基础。向“社牛”学习，但并非必然成为“社牛”，既不退缩自闭也不过分活跃的“中间状态”是大多数人的社交常态。保持开放与包容的心态，不强求别人也不为难自己，就能与更多的人坦然相处。在交往中，积极主动是心态更是行动。主动走近他人、了解他人，为深入沟通交流和获得友谊创造机会；积极主动参与集体活动、适当展示自我，既为别人了解自己提供机会，也为突破自我、发展自我、超越自我创造可能性。积极主动让人感受到的是热情和善意，回避则大多给人以高冷、傲慢、拒绝的印象，哪种态度和行为能促进人际交往不言自明。

宣讲会上的年轻人

学习一些人际交往的知识和技能，并勇于尝试实践，是摆脱“社恐”、克服人际交往障碍不可缺少的环节。认真学习心理健康必修课，选修有关人际交往心理学、人格心理学、心理咨询等方面的课程，阅读相关课外书籍，观察与效仿周围社交得体同学的言行，都可以有效弥补交往知识和技能的欠缺。比如，了解认知障碍、负面情绪情感如何影响人际交往；学会倾听、欣赏、称赞以及合理运用肢体语言及语音语调等技巧；善用交往分析理论与不同类型的人达成和谐；通过学习系统脱敏法来指导自己的实践，让自己慢慢克服人际焦虑，等等。人际交往的知识与技能可以帮助我们提高交往的成功率，解除误解和排除障碍，但掌握再多的理论知识和技巧，也必须通过实践慢慢摸索、体会，才能达到理想的效果。

勇于放下手机走出虚拟空间，到真实世界里进行社会实践，是摆脱“社恐”的突破口。网络交往替代不了人们实际的接触和交流，满足不了人们内心对友情的需求。线上的交流因具有延时性和过滤后的“理性”等特点，欠缺了线下交流中的“感性”流露，缺少了综合信息的判断，会增加彼此的误解和猜忌，反而提高了人际互动的成本。只有当“网友”从线上走下来，才能从交往对象的眼神、语音语调、表情、肢体等所传达出来的即时反应里捕捉有用信息，从而了解对方的真实想法，感受当下交往的真实氛围。要加强与宿舍、班级、社团中同学的交流，多参加有组织的集体活动，参加心理健康中心为“社恐”同学举办的团体咨询等。要主动进行人际交往，学会自我管理、学会与他人合作、学会过集体生活，摆脱既渴望友谊又害怕与人交往的矛盾状态，克服人际交往障碍，享受美好的大学生活。

校园里的大学生

26. 如何摆脱“精神内耗”

——近些年关于“精神内耗”的议论多了起来。有的同学认为自己脑子老是停不下来，各种想法很多，感到非常倦怠，这是不是“精神内耗”？“精神内耗”究竟是什么？如何去克服这种“内耗”？

《人民日报》官微曾经发布了一篇题为《停止内耗的 9 个建议》的网络热文，回应了社会上关于“精神内耗”的议论，得到了许多人的关注。“精神内耗”已成为大学校园中的热门话题，一些同学觉得自己就陷入了“精神内耗”。那么，应该如何认识这个问题呢？

精神内耗是个什么“东东”

精神内耗也被称作心理内耗、精神焦虑，主要指人的头脑中想法太多太乱却不能付诸行动，习惯自我否定，造成思想空转、精神倦怠的现象。有的人说：“这就是自己内心戏太多了。”

有的同学脑子里经常各种念头相互拉扯，打算学习时，一翻开书，其他与书本无关的想法纷至沓来：“室友已经过完六级了，我却还在准备四级。”“扇贝、奶酪和百词斩，哪个英语学习 App 更好用？”“智能语音那么发达，还有必要学英语吗？”“技术时代赶紧去学 Python。”“最近挺火的 ChatGPT 会不会抢夺我未来的饭碗？”……

有的同学思想与行动脱节，想法太多行动太少。明明跑去教室自习，最后却什么也没做，事后懊恼不已；明明想求教问题，遇到老师却顾虑重重，担心自己的问题很幼稚，欲言又止；明明立好了各种 flag，却迟迟不能付诸行动，成了拖延症患者……

有的同学习惯回想过往的缺憾，忘不了早该翻篇的“至暗时刻”，习惯性地自我否定。或是念念不忘大一班干部竞选失败的遗憾；或是考试、评奖、求职失利后，一味责备自己不够优秀，担心前途渺茫；或是反复回想恋爱、同学交往中的小摩擦，总觉得自己没有处理好，产生自卑心理。

精神内耗虽然不是一种心理疾病，但很容易引起胡思乱想，触发消极情绪或自我矮化等心理问题。如果总是处于这种状态，很容易引起精神焦虑，产生抑郁情绪。这些心理、情绪上的负担，可能会让我们吃也吃不香、睡也睡不着，整日唉声叹气、丧气满满，还可能演变为行动退缩、交往减退，落入越努力越低效、越努力越失落的负向循环中。

精神内耗何以会发生

精神内耗是大学校园普遍关注的一个问题。2022 年夏天，《回村三天，二舅治好了我的精神内耗》悄然在各大网站走红，成为现象级的网络传播事件，超高的点击率、刷屏的弹幕、翻不完的回帖，似乎透露着很多人都被精神内耗所困扰，也让一些大学生忍不住“一键三连”——点赞、收藏、分享。精神内耗的确困住了一些人，其中的原因比较复杂，既有社会变化、成长环境等方面的因素，也有个人认知、自我调节等方面的因素。

精神内耗其实是现代生活中的一种“社会病”。在过去，人们考虑最多的是解决温饱生存的问题，较为单一的目标引导人们朝着一个方向聚力前行，并不容易滋生所谓“精神内耗”的问题。但随着现代化进程加快，社会物质财富不断丰富，精神上的发展却没有完全同步，快速发展也带来了各种各样的社会问题，这是导致人们出现精神内耗的重要社会原因。日本舆论早就宣称步入“低欲望社会”“倦怠社会”，许多年轻人不堪内耗走上了躺平、佛系的歧路。韩国青年对社会生活不满、内心倦怠也成为代表性现象，电影《我讨厌韩国》就是这种现象的一种反映。同样，在英美等西方国家，也出现了不愿就业、行为退缩的“尼特族”。当代中国正处于全面建设社会主义现代化国家的关键时期，大学生面临更多的发展机会，也面临更激烈的社会竞争，如果不能正确对待竞争所带来的种种困扰，就很容易导致多思多虑、过分紧张，所谓“精神内耗”就会出现。

大学生成长环境中的压力，也是造成精神内耗的原因。很多同学从小就面临着各方面的竞争，家庭、学校、社会都附加着各种要求，使其不堪重负。听到最多的是“别人家的孩子”如何、怎样，形成与人比较、我不如人等错误的思维习惯。有些家长还将自己未能达成的目标一股脑地压在孩子身上，传统文化中望子成龙、望女成凤的观念根深蒂固。当代大学生在成长中有着更多的考学压力，在家庭、学校教育中，我们听到最多的是分数、排名、升学等竞争性考核要求。社会上也大肆宣扬考名校、做牛娃、争状元等，无形中也增加了学生的精神内耗。

紧张备考的考研学子

学校、家庭、社会对青少年成长中的心理健康关注不够，导致精神内耗威胁青少年的身心健康。大学生对未来充满憧憬，这种憧憬和期待一旦偏离了现实，就会让人感到失落甚至颓丧，这一时期又是其身心发展的激变期，也容易出现一些不适应的问题，迫切需要加强心理疏导。如果不能得到及时的疏导和调适，就很容易出现心理健康问题。在相当长的一个时期里，不论是家庭、学校还是社会，对青少年的身心健康问题都不够重视。许多一线的中小学老师没有接受过专业心理健康教育培训，不知道如何辨认和处理学生的心理问题、精神困扰，而各大学也是近些年才开始重视学生的心理健康教育。这就导致青少年的心理问题长期被忽视，一些心理负能量日益积累，这是酿成严重精神内耗的一个重要原因。

何以疗愈我们的精神内耗

要正确认识和积极应对时代的变化。认识新的时代变迁、融入时代进而引领时代，是大学生解决精神内耗进而成为时代新人的重要一课。与其怨天尤人，抱怨时代变得太快，不如想想自己如何适应这种变化；与其担忧难以适应这个竞争性的时代，不如积极提升自己的能力，拓展新的发展空间与赛道；与其自怨自艾封闭在自我的小世界中，不如积极投身于时代发展的洪流，感受社会快速变化发展带来的新气象。近年来，党和国家高度重视青少年的精神成长、心理健康，出台了一系列制度规定，并要求大中小学规范开设心理健康课、配备心理咨询老师，开展各个成长阶段的心理测量、预警等工作。现在，越来越多的大中小学教师开始接受心理健康教育培训，很多父母走进“家长学校”学习科学养育知识，学校辅导员、思政课老师也越来越关注同学们的精神困扰。随着时代的发展，我们相信精神内耗的问题会得到有效的解决。

要正视并积极对待心理健康问题，学习掌握必要的自我调节技

2022 年，安徽省淮北市第十二中学的心理辅导老师正组织学生进行考前心理减压活动

巧。精神内耗并不是心理疾病，但处理不好的确会增加焦虑、抑郁等情绪问题的风险。要明白，让你焦虑的不是发生了什么事情，而是你对所发生事情的过分担忧。心理调适还有一些实用的小技巧：受失眠困扰的同学可以试试冥想，容易焦虑的同学不妨进行呼吸训练、专注力训练；习惯自我矮化的同学可以经常默念“我有我的价值”“‘我不够好’是想法而非事实”等。对于一些确实无法自我调适的情况，建议去找学校的心理咨询师聊聊，寻求更为专业的帮助。

要找准正确的人生目标并付诸积极行动。很多精神内耗源自想法太多、太杂，主见太少、太不坚定，从而造成精神空转、烦恼徒增。如果把别人的追求、活法当作自己的目标，也可能会出现精神的过度消耗，因为那并不一定适合自己。第一名从来只有一个，你并不一定需要成为最优秀的那一个，量力而行、尽力而为、做好自己，就很了不起了。真正的奋斗离不开现实土壤，应该朝着更高的目标不懈奋斗，在积极行动、社会实践中纾解精神内耗。在我们被不同的想法念头拉扯无措时，不妨拿出纸笔或者打开手机备忘录，把这些想法一一写下，删减、排序，再一条条地去完成；在我们遇挫、受阻时，可以自我安慰，这些都是“天降大任”的考验，不做心理脆弱的“脆皮大学生”，要坚定前行；在我们立起flag、定好目标后，告诉自己立刻行动，抵抗焦虑和精神内耗最好的方法从来都是“去做”。

追求有意义的人生是克服精神内耗的有效良药。当代大学生生逢盛世，中国这艘巍巍巨轮已经驶上了全面建设社会主义现代化国家的航道，中华民族伟大复兴的目标从来没有像今天这样接近过，这为大学生展示自己的才华提供了广阔的舞台。个人价值与社会价值、青春梦与中国梦从来就是统一的，每个人的人生都要在国家与社会的底色上进行，国家与社会也为个人实现人生出彩搭建舞台，我们的“诗与远方”应当是民族复兴的中国梦。正如马克思所说：“如果我们选择了最能为人类而工作的职业，那么，重担就不能把我们压倒，因为这是为大家作出的牺牲；那时我们所享受的就不是可怜的、有限的、自私的乐趣，我们的幸福将属于千百万人，我们的事业将悄然无声地存在下去，但是它会永远发挥作用，而面对我们的骨灰，高尚的人们将洒下热泪。”

27. “躺平”为什么行不通

——现在“躺平”成为一些青年学生的热门话题。“躺平”是否可以作为一种人生选择？我选择“躺平”对不对？应该如何对待这个问题？

2021 年 4 月，一篇题为《躺平即是正义》的网文引发了一些年轻人的共鸣，随后衍生出社会的广泛讨论。“躺平学”“躺平族”“躺平主义”迅速出圈，成为一些年轻人津津乐道的话题甚至一种人生态度。

“躺平”的种种表现

“躺平”确实成为近年来一些青年学生中时髦的话题，“躺平”的姿态各有不同。

有的同学声称要压低自己的欲望，放弃奋斗、回避竞争，自认为这是一种生存的智慧，自认为生活永远卷不到一个“躺平”的人。

有的同学说，我也努力奋斗过，但时运不济、屡屡失败，一爬起来就被生活的波浪击倒，所以不想站起来了。

有的同学家庭条件优越，认为“家里有矿，心里不慌”，努不努力关系不大，反正自己也差不到哪里去。

还有的同学嘴上说“躺平”，实际背后仍在默默努力，还有以“自嘲式”调侃来进行情绪纾解的“假躺平”，有所谓“仰卧起坐”式的“间歇性躺平”，有犹犹豫豫的“45 度躺平”，凡此种种，不一而足。

这些“躺平”姿态，反映了当下一些年轻人面对生活、对待人生的不同态度和选择。然而，现实生活中，“躺平”真的成为社会主流了吗？经常说“躺平”的年轻人真的都如愿“躺平”了吗？

事实上，现实生活中年轻人的“躺平”并不像网络热门话题中所描述的那样。2022 年 4 月，国务院新闻办公室发布《新时代的中国青年》白皮书，从中可以看到，我国青年有更加积极的精神风貌，有人在平凡岗位上奋斗奉献，有人在急难险重任务中冲锋在前，有人在基层一线经受磨砺，有人在创新创业中走在前列，也有人在社会文明建设中引风气之先…… 由此可见，“躺平”现象不是当代青年的主流，“躺平”也不能代表当代青年的精神风貌，一些青年中的“躺平”现象有着非常复杂的原因。

“躺平”现象何以产生

社会经济的快速发展和社会竞争的加剧，是“躺平”现象产生的客观社会原因。当前，中国正跑出高质量发展的“加速度”，现代化引发了生产力的巨大发展，智能化、自动化、数字化、信息化成为衡量社会发展水平的重要指标，传统的工作模式悄然发生改变，原有的职业结构出现重大调整，以往的职业发展观和事业发展观面临严峻挑战。当代青年虽拥有更广阔的人生选择，也面临着前所未有的激烈竞争；虽身处经济社会变革的时代，却也体会着社会高速发展带来的压力，面临着就业竞争激烈、发展空间受限、上升通道拥挤等严峻现实。这使一些青年产生畏难情绪，想要从复杂的社会关系中剥离出来，选择退回到“舒适圈”来获得对生活的掌控感。

应对复杂多变社会环境的自我调节能力和适应能力不足，是“躺平”现象产生的主观原因。快速变化的国际国内环境对青年的适应能力提出了更高的要求，不少青年学生对这种急剧变化的新环境感到无所适从，特别是今天的大学生大多是独生子女，很多从小就在长辈的百般呵护下长大，没有经历生活风霜，较少接受过社会的历练和摔打，习惯性地依赖父母家人，觉得一切所愿所求都是理所当然的。但是，一旦步入大学、走进社会，各种压力、困难和挫折接踵而至时，缺乏独立解决问题的能力成为突出短板，这部分大学生就自然选择逃避和放弃。“新型啃老族”“全职儿女”中不乏高智商、高学历之人，但他们的社会生存能力却很低，出现了“高智低能”的严重反差。

传统社会的落后文化和西方消极文化的影响，是产生“躺平”现象不可忽视的原因。中华优秀传统文化在我国有着积极广泛的影响，实干与进取一直是中华民族5000多年文明的显著标识。中华民族传承的是自强不息的文化基因，铸就的是艰苦奋斗的精神根基，信奉的是天道酬勤的成功秘诀，向往的是“春华秋实”的美好愿景。但也不能否认，封建时代遗留下来的一些落后的文化仍然存在并发挥着影响，同时西方的资产阶级腐朽文化也侵蚀了一些青年学生，极端个人主义、享乐主义、物欲主义、拜金主义和“丧文化”“宅文化”对不少青年学生的思想意识也产生了消极影响。青年原有的理想观念、价值诉求、行为方式受到冲击，在利益诉求得不到有效满足时便容易产生消极态度和颓废情绪。

“躺平”不可取

应当指出，这里讲的“躺平”有特定的含义，并不指那些甘于从事平凡的工作，过着平凡生活，通过自己的辛勤劳动、诚实劳动赢得人生“稳稳的幸福”的人，而是指那些对国家、社会、家庭和个人不负责、不作为，成为家庭和社会负担的人。“躺平”看起来时髦甚至“豁达”，但它只是一针“麻醉剂”，绝不能解决我们面对的问题。“漫漫人生路，困难总相随”，唯有积极应对，才是最现实最可靠最正确的办法，幻想“躺平”只会贻误终身。

“躺平”是不负责任的。每一个人来到世上，都必须担当起对自己、对家庭、对社会、对国家的责任。人的生命只有一次，是宝贵的，“躺平”是对生命的浪费，是对自己人生的自轻自贱。每个人的成长都离不开家庭和父母的精心呵护，也凝聚着父母家人的期望，“躺平”既是对家庭责任的逃避，也是对父母为自己付出心血的辜负。每个人都是社会的一分子，社会的进步是由每个社会成员的奋斗推动的。“躺平”者放弃了对社会的责任，实际上也是对全体社会成员共同建设美好生活的一种背弃，是社会发展的逃兵。

“躺平”是没有出路的。“躺平”也许可以暂时逃避学业、住房、婚姻、工作、生育等带来的现实难题，但这些问题并不会因为“躺平”而凭空消失，生活的重压也不会随之消失，甚至会不断累积。所谓“躺平即放下”，实际上是一种自我麻醉。生活的困难、现实的压力，恰恰要在奋斗中才能得到破解和克服。随着经济社会发展中结构性矛盾的逐步解决，年轻人的生活压力一定会得到有效缓解。人类社会的进步是一代代人不懈奋斗的结果，一个社会的良性发展和生存环境的改善，需要更多的青年贡献蓬勃力量。

“躺平”将成为人生之误。每个时代都有适应潮流的奋进者和搏击者，当你“躺平”时，或许更多的青年正以鸿鹄志“骑骏马踏平

2023 年，神舟十六号完成全区合练，各系统准备就绪

川”。面对中国发展前进道路上的困难和挑战，许多有志青年正以火热的青春投入中华民族伟大复兴的历史洪流，成为国家和社会的栋梁。据 2022 年发布的《新时代的中国青年》白皮书显示，北斗卫星团队核心人员平均年龄 36 岁，量子科学团队平均年龄 35 岁，中国天眼 FAST 研发团队平均年龄仅 30 岁……祖国的各个角落，无数青年在挥洒青春汗水、绽放岁月芳华。时代从来只会眷顾奋进者、拼搏者，不会可怜犹豫者、观望者。再过 20 年，当我们回望人生的时候，不能因为自己今天的“躺平”而追悔莫及。

一代人有一代人的使命，一代人也有一代人的考验，没有哪一代人的青春是顺利的，也没有哪个人的青春不会碰到烦恼。新时代青年生逢盛世何其有幸，有着施展自己才华的广阔舞台。国家在快速发展，同辈人在努力奋斗。只有积极投身于奋斗拼搏的时代，才是对自己负责、对家庭负责、对社会负责、对国家负责，才是真正的“青春无悔”。有梦想，有机会，有奋斗，一切美好的东西都能够创造出来。

28. 就业焦虑如何应对

——每到临近毕业，总会有一些同学产生各种各样的焦虑。能否顺利就业？应该如何择业？怎样的工作才是好工作？这些问题同学们很关心，父母和家庭很忧虑。我们应该如何应对呢？

找到一份理想的工作，是每个同学的期盼，但如何择业和就业并不是一件容易的事情，除了专业对口、个人爱好，还关系未来人生如何发展，需要审慎地加以考量。

就业的烦恼与困惑

近几年，大学生就业问题成为社会各界关心的一个热点话题。许多大学生择业态度更加积极主动，也更加理性和务实，准备也更为充分。但也有不少同学随着毕业的临近开始产生就业焦虑，存在诸多困惑。

有的同学认为，只有进入“体制内”才叫就业，一窝蜂地选择考公考编考国企，考上了就认为人生步入坦途，考不上就觉得人生没有了希望。有的同学坚持不懈地考公考编，结果多年达不到目的，反而错失了很多机会，由此陷入持续不断的纠结之中。

考生冒雨参加公务员考试

有的同学选择职业执着于留在大城市，追求高薪资的岗位，至于专业是否对口、是否适合自己，反而不加考量。一旦实现了留在大城市的目的，又可能发现不是自己真正热爱并擅长的领域，感觉到懊悔和不如意。

有的同学在求职过程中发现，自己常常要面临同几十个甚至上百个优秀大学生竞争同一职位的挑战，由于担心自己很难在众多竞争者中脱颖而出而产生了严重的焦虑和困扰。

还有的同学由于惧怕竞争，不愿意吃苦，在择业上选择“躺平”，宁愿推迟毕业也不就业，刻意回避就业，甚至甘于回家做“全职儿女”。

对青年大学生来说，就业作为人生大事，造成一些焦虑也是正常的。产生这些问题，有着多方面的原因。既有主观的，也有客观的；既有大学生个体的，也有社会的，还有来自同学的影响、学校的期待和家庭的压力等多方面因素。但最根本的还是今天的大学生应该抱有什么样的就业观、怎样选择自己的职业道路的问题，这折射出的是世界观、人生观、价值观问题。如果对这些问题不能正确对待、不能妥善处理，就很有可能影响我们未来的人生道路。

就业困惑产生的原因

大学生就业如此受到广泛关注，与我们今天的就业环境有关。这个问题在二三十年前并不突出。那个时候的大学教育还属于精英教育，大学生作为稀缺的高素质人才，比较容易找到工作，并且很快就能成长为各行各业重视的骨干。今天，高等教育已经从精英化向大众化转变，更多的年轻人实现了进入大学学习的梦想。根据教育部发布

河南省郑州市大学毕业生就业招聘会

的《2022年全国教育事业发展统计公报》，我国高等教育毛入学率已经达到了59.6%，各种形式的高等教育在学总规模4655万人，这意味着16—24岁城镇青年中有近一半是大学生，这给大学生就业市场带来了很大的压力。特别是近年来受新冠疫情影响，不少行业受到冲击，美西方挑起贸易摩擦，对我国经济发展也造成了不可忽视的影响，这也使大学生就业形势“雪上加霜”。正是因为多方面的影响，才会出现有同学投递出几十份、上百份简历仍然找不到工作的现象，才会出现心仪的岗位招聘要求年年水涨船高的情况。

大学生就业难也与现在的大学教育还不能完全适应市场经济快速发展的需要有关。很多同学在校期间成绩优异，本以为在就业市场上也会无往而不利，然而，事实上大学里很多专业设置、课程内容以及大学生的专业选择，尚不能很好地适应经济和社会发展的需要。这就意味着在大学里所掌握的专业理论知识可能与社会实际是脱节的，不能直接解决现实问题，无法满足社会的用工需要。这也是很多岗位人满为患，还有很多岗位“一才难求”的原因所在。这说明，当前的就业难问题并不仅仅是没有岗位的问题，也是专业和人才结构性错配的问题。

大学生就业方面的困惑，还有很多是由于没有树立正确的就业观，缺乏对自己正确的认知而造成的。大学是大部分同学接受系统教育的最后阶段，也是很多年轻人迈上人生职业道路的前阶。许多同学在大学期间只专注于学习专业理论知识，不太关心就业市场的动态，对于学好专业、规划人生缺少清晰的设想，面临择业时就很容易随波逐流。就业问题也关系自我的人生定位和整个家庭的期盼，家庭和社会的压力也会对大学生造成影响，这使得一些同学在择业的时候容易落入追求虚荣、盲目攀比的心理羁绊。所谓“宇宙的尽头是编制”，不惜花费数年时间考公考编，就反映了把进入“体制内”作为自己唯一就业目标的心态。不顾自己的专业特长和兴趣爱好，找工作只盯着“铁饭碗”，寄希望于一次择业定终身；一心只想在大城市里找到薪酬高、待遇好的工作，而不愿意回乡创业，不愿意到基层工作；害怕竞争，甚至选择“躺平”，甘于回家做“全职儿女”等。这些都是错误就业观的反映，是许多同学在就业问题上自我设置的思想障碍。

积极面对就业困局

每一个时代有每一个时代的问题，每一代人就业也有每一代人必须面对的挑战，一味逃避不能解决问题。要想破解困局，不仅要有正确的心态，也要有科学的方法。

要以积极的心态来面对就业。如果找不到心仪的工作，难免会承受来自各方面的压力。面对这些压力，如果心浮气躁，不能积极应对，就难以走出就业的困境。我们要对自己的才华和能力有充分的信心，勇敢接受来自求职市场的挑战。即使“屡战屡败”，也要“屡败屡战”，从中吸取经验教训，不断完善自己。要相信“天生我材必有用”，社会主义现代化日新月异发展，必然会有适合自己的新岗位，青年的职业舞台只会越来越宽广。近几年，随着互联网技术的广泛应用，出现了如互联网营销、数字化运营、直播销售、网约配送等新职业。作为新时代的新青年，要相信“行行可建功，处处可立业”；要相信生活从不眷顾因循守旧、满足现状者，从不等待不思进取、坐享其成者，而是将更多机遇留给善于和勇于创新的人。青年是社会上最富活力、最具创造性的群体，理应走在创新创造前列。作为年轻而有朝气的大学生，要坚信自己拥有巨大的潜能和无限的可能性。“条条大路通罗马”，要勇于尝试新的机会、新的领域，要勇于接受新的挑战，探索多样化的职业选择，走出自己成才创业的新道路。

要主动提升综合能力和职业素养。找到好的工作、选择好的职业，关键还是看自身的能力。我们在选择工作的时候，工作岗位也在选择我们，“钱多事少离家近”的工作，几乎是不存在的。职业对于我们每个人来说，既是谋生的工具，也是实现人生价值的途径。因此，永远不要放弃加强学习、提升自身综合能力和素养。机会永远只会留给有准备的人，一旦确定了自己的职业方向，就应当努力按照这个方向来提升自己，通过学习、实践和培训主动获得和掌握与职业相关的专业知识和技能。马克思曾说过：“如果我们选择了力不胜任的职业，那么我们决不能把它做好，我们很快就会自愧无能，就会感到自己是无用的人……”所以，如果能力和职业要求不匹配，即使侥幸如愿得到了工作岗位，也会在工作中持续感受到不适和痛苦。

要摒弃“一步到位”择业观。我们的父辈、祖辈大多是一个工作干到退休，今天这样的现象已经比较少了。伴随着现代化进程的加快，我们社会的职业系统已经发生了深刻的改变。有学者指出：“在前现代与早期现代社会，父亲的职业会传承给儿子，而且同样的，会持续几个世代。在古典现代，职业结构倾向是每个世代都会改变。儿子（之后也包括女儿）可以自由选择他们的职业，但他们通常只会选择一次，亦即一个工作就做一辈子。”相比之下，现代社会单一的职业很少会贯穿整个工作生涯，我们一生中换工作的速度比我们的父母辈、祖父母辈要快得多。被誉为“北大保安高考第一人”的张俊成，人生的第一份工作是县城汽修厂的学徒工，但他工作认真，很快就被一家安保公司选送到北京大学当保安。在北大工作期间，他利用休息时间刻苦学习，最终如愿考上北大法律系专科，毕业后回乡创办了一所主要面向农村孩子的民办中职学校并担任校长。所以，即使人生没有一个华丽的开场，也不意味着就彻底关上了成功的大门。

要坚定就业信心，把职业追求同社会责任结合起来。大学生是国家宝贵的人才资源，党中央始终牵挂大学生的就业问题。2022 年 6 月 8 日，习近平在宜宾学院考察高校毕业生就业工作时指出：“党中央十分关心民生工作，民生首先是就业，我们对高校毕业生就业问题特别关心。”近年来《“十四五”就业促进规划》等一系列有针对性的政策举措助力青年就业创业，2023 年教育部也出台了促进高校毕业生就业的 26 条举措。不少高校领导还带领大学生亮相直播间，通过多种平台向企业和公众开展毕业生线上推介；很多地方政府人事部门积极拓展就业渠道，增设大学生就业岗位……大学生在就业道路上并不是孤军作战，党和政府始终与我们同行。要坚定就业信心，相信我们每个人终能找到适合自己的工作岗位。只要把自己的职业追求同美好的人生理想结合起来，勇于承担社会责任，就一定能够达到人生的完美境界。

29. 应该如何看待网红

——随着网络经济发展，出现了一批网红。有人说，开个直播就可聚财，搞个噱头就能捞金，这网红赚钱也太容易了。人人都去当网红行不行？我们应该如何看待网红现象？

2023 年 5 月 11 日，中国演出行业协会等联合发布的《中国网络表演（直播与短视频）行业发展报告（2022—2023）》显示，截至 2022 年，我国有超 1.5 亿网络直播账号、超 10 亿内容创作者账号。这是一个十分庞大的数字，其中有不少是粉丝众多的网红。无论是赞成还是反对，网红现象已经成为一个客观事实，由此带来的一些影响和社会问题也引发了人们的关注和思考。

网络直播间

网红现象面面观

网红群体，千人千面。有的网红充满正能量，给人们以真善美的启迪；有的网红幽默风趣，给我们的生活带来了欢声笑语；还有的凭借自身的特点和优势获取了大量粉丝和流量，成功实现了流量变现；也有的网红为了引流、吸粉做出一些无原则、无下限甚至是“毁三观”的事情……这些现象引发了人们的广泛关注和思考，也在大学生中引起了不小的反响，甚至使学生产生了一些思想困惑。

有的同学看到网红直播可以“捞金”，甚至一夜暴富，觉得他们挣钱太过容易，对此愤愤不平；有的同学对网红十分不屑，认为当网红很俗。

有的同学看到身边的人做了网红，觉得成功离自己也很近，蠢蠢欲动、跃跃欲试。心想，我能不能也去当网红？攒够了钱，我下半辈子就有保障了；有的同学说，反正现在做网红也没什么门槛，别人都可以，凭什么我就不行？

有的同学说，既然大学毕业之后也要找工作挣钱，现在网红这么挣钱，为什么非要等到毕业呢？于是开始琢磨怎么当网红，甚至不惜逃课，荒废了学业，导致挂科甚至延毕等后果……

以上这些现象表明，网红现象在一定程度上已经影响了人们的生活方式和价值观念，也引发了一些同学的思想波动，甚至影响了他们正常的学习生活以及未来择业，需要加以理性分析和对待。

为什么会出现网红现象

互联网时代，人人都有麦克风，人人都有可能走红。网红和网红经济是技术和市场助推的结果。互联网技术革新为网红经济提供了技术支撑，专业化团队为“制造”网红提供了渠道。网红培训学院、网红孵化公司等就是以制造网红为目的的专业团队。在互联网技术和专业团队的双重加持之下，网红现象应运而生。

网红经济的兴起和一些网红乱象，是造成同学们思想困惑的外部原因。在网红经济的大潮下难免鱼龙混杂。有的网红一场直播带货成交量以千万甚至以亿计，人们也在网络的助推下掀起一场消费和娱乐的狂欢；有的网红利用人们的猎奇心理贩卖个人隐私，也赚得盆满钵满。这些都给人们造成一种可以不劳而获的印象，在一定程度上滋生和助长了急功近利的浮躁心态。

对网红认知的不全面，也是产生思想困惑的重要原因。有些同学想当网红，是认为网红能挣大钱。但事实并非如此。以网络直播为例，据 2023 年行业发展统计数据显示，在以直播为主要收入来源的网络主播中，有九成以上的主播月收入在 5000 元以下。这一调查结果确实与我们对“一夜暴富”的想象不太一样。一些人之所以能够成为头部网红，与一定的机缘、自身的努力和奋斗也是分不开的。人们只看到了他们人前的光鲜亮丽，而没有看到他们在人后的辛酸与苦拼。而且，“一时红”并不等于“一直红”，在网红经济的大潮中，许多网红只是昙花一现。部分大学生对网红产生误解，是因为未能很好地透过现象看本质，用部分代替了整体。实际上，对于任何人来说，成功从来都不是轻而易举的，更不是唾手可得的。所以，相较于“一夜暴富”，更靠谱的是“勤劳致富”。

对自身成长认知的不成熟，是造成思想困惑的主观原因。有的同学看到身边的亲友和同学也做了网红且收入不菲，便试图效仿，从而出现了为当网红而荒废学业的短视行为。这种行为的实质，是未能很好地从自身实际出发，只看到眼前利益而没有规划好长远发展。短期来看，也许做网红确实可以小赚一笔，但相较于长期发展，荒废学业去做网红实在是得不偿失。未来的社会充满挑战，大学生当前的主要任务还是学习，应该将时间和精力放在提升自己的专业能力和综合素质上，为将来适应社会变化和满足社会对人才的需求打下坚实的基础。

应该怎样对待网红现象

网红现象只是互联网经济的一种呈现方式，正确认识网红经济归根到底是正确认识互联网经济带来的新业态以及与此相关的择业就业问题。那么，当代大学生应当如何认识和应对新业态，并正确对待网红现象呢？

要客观全面地认识网红经济。总体上看，网红经济是技术进步、社会力量推动以及个体选择的综合结果。包括网红直播带货等在内的网红经济，从本质上讲是一种市场行为，是市场主体自主选择和创造的结果，其产生具有一定的必然性。同时，网红经济作为一种新兴事物，在其发展过程中难免会出现这样那样的问题。网红经济发展过程中出现的一些不合理现象，也是市场主体在唯利是图等错误价值观主导下产生的，并不是网络经济本身的原因。目前，国家相关部门已经对此采取了相关措施加以管理和规范。例如，针对网络直播，有关部门先后发布了《互联网直播服务管理规定》《关于加强网络直播规范管理工作的指导意见》以及《国家广播电视总局关于加强网络秀场直播和电商直播管理的通知》等正式文件，对违法违规行为进行查处。不仅如此，一些行业协会针对此类现象也重拳出击。例如，中国演出行业协会就已依规落实国家关于主播“黑名单”等制度。客观地讲，网红经济对于推动就业创业、文旅推广、助农惠农等方面均具有积极意义。再者，网红经济与实体经济也有着千丝万缕的联系。因此，虽然网红经济在发展过程中还存在一些阶段性问题，但是我们不能对其一票否决，而是要客观辩证地加以对待。相信未来国家会出台更多的政策和措施引导网红经济健康发展。

要积极适应互联网新业态。网络经济已深刻改变了人们的生产和生活方式，新业态为当代大学生提供了更加广阔的职业选择空间。作为新时代的大学生，在互联网新业态下，不应做“旁观者”，而是要

2022 年，益农社网红在江西宜春蓝莓基地进行公益直播助农活动

做“弄潮儿”。当然，从事新职业并不只有当网红这一条路。放眼现实，许多青年借助互联网这一平台，在各自的专业领域开辟了新赛道；许多返乡青年将自己的专业知识与数字技术深度融合，在乡村振兴的舞台上绽放青春光彩。新时代大学生实现人生价值的舞台无比广阔，要提升自身的核心竞争力，勤学习、强本领、长才干，为将来融入和适应新业态做好准备。

要树立正确的职业观和择业观。一是要明确自身定位。常言道：“适合自己的才是最好的。”有的网红获得了成功，但并不代表人人都能成网红。大学生当前最主要的身份是学生，最主要的任务还是学习。即便是未来想做网红，也应当在客观全面分析自身兴趣爱好和优势的基础上，逐步找到自己的职业方向，而不是武断地“弃学从网”，荒废学业。二是要有职业操守。网红也好，其他工作也好，都离不开职业道德和操守。就网红而言，开局总是相似的，但结果却不尽相同。有的网红持续走红，而有的网红则因为各种各样的原因“翻车”“塌房”，从此销声匿迹。为什么同样是当网红，结局却如此不同？很重要的原因在于价值观的不同。有的网红藐视法律和道德，是导致其悲剧的根本原因。互联网并非法外之地，也绝非道德真空。任何时候、任何场合，无论从事何种职业，心中都要有职业操守，都要恪守职业道德，切不可触碰道德和法律的红线，否则“翻车”是早晚的事。古人云：“才者，德之资也；德者，才之帅也。”才能的发挥和人生价值的实现，都要基于良好的品格。良好的职业道德和操守，是我们在未来职业道路上行稳致远的前提和保证。三是要踏实上进。无论从事何种职业，都要摒弃投机取巧、不劳而获甚至“一夜暴富”等不切实际的想法。与其将自己的未来寄希望于不切实际的幻想或者莫须有的“可能”，倒不如相信自己，用自己的勤劳和双手创造幸福，一步一个脚印稳扎稳打，成就美好人生。

30. 名校和高学历才能成功吗

——现在有些同学纠结于自己的“出身”问题。一些用人单位的录取强调名校和高学历，而许多同学从普通院校毕业，学历也不高，因此很困扰。非名校出身或者学历不高的同学，未来还有前途吗？应该如何看待这个问题？

近年来，不少用人单位在招聘标准上将“名校”和“高学历”作为入职门槛，这就在社会上造成了一番新的“出身论”困扰，导致一些“非名校”和“非高学历”的同学感到压力很大。这些现象也给社会造成了不良影响，需要认真加以辨析和纠正。

就业中的名校情结和学历焦虑

在大学生就业中有一个不可回避的问题：是否出身名校，是否拥有高学历。这个问题造成了相当一部分同学的困扰和焦虑。

一些同学一进校门就开始纠结自己的学历，自怨自艾高考没有发挥好，未能进入理想的大学，觉得跟别人的差距一下子就拉开了，以后发展机会不对等了。也有的同学说：“我很焦虑也很迷茫，满脑子都是以后的路该怎么走。”

有的同学虽身处名校，但因为没有考上研究生，就自嘲道：“就我这学历，我都不知道到了社会上拿什么和人家比。”还有的同学说：“我也不是真的很想考研，但是大家都考，如果我不考，今后拼不过人家啊！”有些上了高职高专的同学说：“看来我们这些人毕业后就只能去当‘厂弟’‘厂妹’了，将来还有前途吗？”

有的同学很疑惑地问，社会评价人才的标准究竟是什么？到底是学历重要，还是能力重要？我没上名校、没有高学历，以后的人生就一定毫无价值吗？难道有了名校毕业证书和高学历，就万事通达，无所不能吗？

不难看出，“卷”名校、“卷”学历，已经成了相当多大学生关心的问题，这既表明了同学们追求上进、企望有美好人生的愿望，也反映了大家对现实生活和面临问题的焦虑和困惑。如何正确地面对和处理这些焦虑和困惑，需要我们审慎地分析和对待。

为什么会产生名校情结和学历焦虑

在许多大学生中存在着名校情结和学历焦虑是客观事实，那么，产生的原因是什么呢？

名校情结和学历焦虑的出现，是历史上长期存在的“出身论”和“血统论”的现代翻版。“出身论”和“血统论”是产生自封建社会的落后观念，是封建主义思想的遗毒。资本主义社会出现的阶级固化和精英主义，也与此异曲同工。这种思维方式的特点就是形而上学地看待人才，把人分成三六九等，并给人贴上一些僵化的标签。习近平曾经批评:“现在，机关、企事业单位招人用人标准和导向过于单一，过分注重高学历高文凭，还要看本科是不是‘九八五’、‘二一一’，这是一种现代版的‘出身论’。学历不代表能力，也说明不了人品德行。”“唯名校论”“唯学历论”不仅会扭曲选人用人方向，使招聘方难以真正做到选贤任能，而且不利于维护社会的公平正义，阻碍社会的发展进步。

名校情结和学历焦虑的出现，与一些部门和用人单位的错误导向和社会舆论的推波助澜也有密切关系。近年来，随着社会中人才竞争加

剧，很多单位人才招聘“水涨船高”，不仅要看当下的学位学历，甚至还要求求职者第一学历必须是“985、211”高校本科毕业。这种唯名校、唯学历的导向让同学们“很扎心”，也很愤懑。同时，一些媒体也起到了非常不好的作用，比如，在一些求职节目里，求职的实习生往往都有“名校+好专业+高学历+海外经历”的求学背景，他们被描述为“走上了人生巅峰”，在社会上造成一种攀比风气，使一些同学由此认为“高学历才是王道”“只有读名校，才有真价值”。这种舆论造成了全社会不断弥漫的焦虑情绪，给很多学生带来了巨大的心理压力。

名校情结和学历焦虑的出现，也与许多同学对自己人生道路和发展规划存在认识误区有关。人生的道路是多向的，取得成功的途径也是可以选择的，学历并不等于能力，名校也不是成功的“保险箱”。但许多同学没有认识到这一点，而是以为，只要进了名校、接受了高学历教育，人生道路也就宽阔了，成功就唾手可得；反之，一旦没有名校光环的加持，没有高学历的庇佑，就觉得人生道路前途茫茫，一片灰暗。这些错误的思想认识给青年大学生带来了许多不必要的困惑和烦恼，而且十分不利于未来的成长成才。

怎样走出“出身焦虑”顺利成才

要理性看待名校和高学历。名校固然有更好的学习条件，高学历也是对长期努力学习的承认，能进名校学习、能取得更高学历当然是好事。但是，也不是说进了名校、取得高学历就万事大吉、一片坦途。一个人要想立身立世，靠的不是出身好或学校名头响，而是有真才实学，有良好的品德和吃苦耐劳的精神，以及有良好的沟通能力等。近年来，有些名校大学生因为荒废学业、常年挂科，被学校清退处理。相反，有些“双非”院校照样培养出院士、名家和优秀人才。如果说人生是一列驰骋的列车，那么名校和高学历只是途程中的一个华丽站点、一片美丽风景，它并不是人生的终点，也不能决定一个人能够到达怎样的终点。就算没有经过这个站点，也并不妨碍你越过高山，领略精彩的风景。

穿过薄雾的飞驰列车

一个人能否成才，最终还是看他能否成为对国家和社会有用的人。在我们国家，学历并不代表一切，能够干出实实在在的成绩才是硬道理。考上北京大学生命科学学院的周浩，为了圆自己从小就有的机械梦，主动退学到技校学习数控技术，后来在全国数控技能大赛中勇摘桂冠，得到了国家和社会的肯定。“90 后”吴晓飞虽然没有上过大学，但他自 16 岁起就醉心于火箭研究，并在 2011 年研制出了自己的第一款液体火箭发动机，后来他还组建了国内第一家提供探空火箭发射服务的民营公司，实现了业余爱好者向民用航空产品研发和液体火箭发动机专业设计师的“华丽转身”。2021年大国工匠年度人物洪家光，从一个技校毕业生成长为中国航空发动机集团沈阳黎明航空发动机有限责任公司高级技师，以自己的努力打破了名校、高学历等外在条件束缚，在事业上威“名”远扬、展翅“高”飞。

2018年1月，洪家光作为首批“盛京大工匠”劳动模范出席颁奖典礼

同学们也要对国家的人才政策导向充满信心。近年来，党和国家对改善用人导向问题越来越重视。习近平要求国家机关、事业单位、国有企业率先破除唯名校、唯学历是举的导向，建立以品德和能力为导向的人才使用机制，给解决人才评价问题指明了方向。2020年10月，中共中央、国务院印发《深化新时代教育评价改革总体方案》，有关措施正在逐步落地。教育部印发的《关于做好2024届全国普通高校毕业生就业创业工作的通知》强调，要切实维护毕业生就业权益，积极营造平等就业环境，严格落实“三严禁”要求。“三严禁”，即严禁发布含有限定985高校、211高校等字样的招聘信息，严禁发布违反国家规定的有关性别、户籍、学历等歧视性条款的需求信息，严禁发布虚假和欺诈等非法就业信息，坚决反对任何形式的就业歧视。“任人唯贤，聚天下英才而用之”是我们国家的基本用人政策，任何行业选人用人都要遵守这个原则。相信我们的就业环境会越来越好，一定会在全社会形成“人尽其才、才尽其用、用有所成”的良好局面。

后 记

为了更好地落实习近平总书记关于“思政课的本质是讲道理”的重要指示精神，及时回应广大青年学生和思政课一线教师关心的思想热点问题，提高思政课教学的针对性和吸引力，帮助学生明辨是非、理性思考，教育部社会科学司组织部分高校思政课专家学者、一线教师和辅导员编写了《大学生思想热点面对面》。本书在编写过程中得到了中央马克思主义理论研究和建设工程办公室、教育部高等学校思想政治理论课教学指导咨询委员会和教学指导委员会的指导，得到了有关专家学者的帮助和支持。同时，广泛听取了高校思政课一线教师、辅导员和大学生的意见建议。

徐青森、宋凌云同志指导组织了本书编写工作。首席专家张磊、刘建军主持本书的编写和修改。参加本书编写和修改工作的有：陈锡敏、王贵贤、郭绍均、刘水静、冯秀军、沈夏珠、张帆、魏志奇、陈慧女、聂大富、王威、杨希、柏路、贾鹏飞、张润枝、刘亚琼、鲁杰、闫方洁、张明明、燕连福、张智、任鹏、李国泉、谷佳媚、李东坡、张苗苗、彭蓉、王海威、张学昌、李敏、范丹卉、潘红涛等同志。张磊、刘建军组织了本书统稿，参加的有：王贵贤、郭绍均、刘水静、沈夏珠、魏志奇、张帆、张明等同志。

编　者

2024 年 3 月